Reichsgerichts-Entscheidungen

in kurzen Auszügen

Herausgegeben vom

Deutschen Richterbund

Strafsachen — Band 65

1 9 3 2

München, Berlin und Leipzig

J. Schweitzer Verlag (Arthur Sellier).

Printed in Germany

Druck von Dr. F. P. Datterer & Cie., Freising-München

Von dieser Sammlung erschienen folgende Bändchen:

I. Zivilsachen:	Bd. 76—100	. . .	je	RM.	0.80
	„ 101—120	. . .	je	RM.	1.—
	„ 121—132	. . .	je	RM.	2.—
Serien:	„ 76—132	mit 2 Reg. 83–119 120–130	zus.	RM.	58.—
	„ 81—132		zus.	RM.	55.—
	„ 91—132		zus.	RM.	48.—
	„ 101—132		zus.	RM.	41.—
	„ 111—132		zus.	RM.	32.—
Gesamtregister zu	Bd. 83—119	. . . . .		RM.	6.—
Gesamtregister zu	Bd. 120—130	. . . . .		RM.	1.80
II. Strafsachen:	Bd. 45—55	. . .	je	RM.	0.80
	„ 56—60	. . .	je	RM.	1.—
	„ 61—64	. . .	je	RM.	2.—

Serie: Bd. 45—64 mit Ges.-Reg. zu Bd. 45—60 zus. RM. 22.—
Gesamtregister zu Band 45—60 . . . . . RM. 3.70

Jedes Bändchen entspricht einem Bande der amtlichen Sammlung.

1. Ehebruch. Beleidigung. Gesetzeskonkurrenz. (StGB. §§ 172, 185.) Wegen Notzucht, begangen an einer Ehefrau, wurde ein Verfahren eröffnet. Der Mann stellte als Nebenkläger Strafantrag wegen Beleidigung. Es wurde auf Freisprechung erkannt, da angenommen wurde, daß die Frau mit der Handlung einverstanden gewesen sei. Die Revision des Mannes wurde verworfen. Ein Ehebruch wird in der Regel auch eine Ehrenkränkung und Mißachtung des verletzten Ehegatten darstellen und somit den Tatbestand der Beleidigung erfüllen; soweit aber ein Antrag auf Scheidung der Ehe möglich ist, greift die Sonderregelung wegen Ehebruchs ein. Diese Vorschrift gestattet im Interesse der Aufrechterhaltung der Ehe eine Bestrafung nur dann, wenn die Ehe wegen dieses Ehebruchs geschieden worden ist; es muß außerdem ein Strafantrag wegen Ehebruchs gestellt sein. Ein Strafantrag wegen Beleidigung genügt nicht. Dieser Regelung würde es widersprechen, wenn der Ehebruch auch aus einem anderen rechtlichen Gesichtspunkt während des Bestehens der Ehe bestraft werden dürfte. Dagegen ist eine Bestrafung wegen Beleidigung in den Fällen zulässig, in denen der Ehebruch keinen Scheidungsgrund gibt, insbesondere in den Fällen, in denen der am Ehebruch beteiligte Ehegatte nicht an ihm schuldig ist. Ebenso schließt die Sonderregelung des Ehebruchs nicht aus, daß in den Fällen, in denen sich eine Ehrenkränkung des verletzten Ehegatten nicht lediglich aus der Handlung des Ehebruchs, sondern aus den begleitenden Umständen oder aus mit ihm verbundenen, aber nicht zum Tatbestand des Ehebruchs gehörigen Merkmalen ergibt, eine Bestrafung wegen Beleidigung Platz greift. (II, 23. Oktober 1930.) Amtl. Sammlg. S. 1—3. Vgl. Bd. 10 S. 372; Bd. 45 S. 344; Bd. 46 S. 301; Bd. 60 S. 34.

2. Betrug. Mittäterschaft. (StGB. §§ 47, 263.) J. wollte einen Kraftwagen verkaufen. S. wollte ihn erwerben. Er überredete T., den Wagen für 16000 Reichsmark zu kaufen, nur 4000 Reichsmark anzuzahlen und für den Rest wertlose Wechsel zu geben. T. führte den Plan nicht aus, sondern verband sich mit J., um S. zu betrügen. Sie boten S. den Wagen gegen eine Anzahlung von 4000 Reichsmark an, nahmen die Anzahlung entgegen, vereitelten aber die Übergabe des Wagens. Ihre Verurteilung wegen gemeinschaftlichen Betrugs wurde bestätigt. Der ursächliche Zusammenhang zwischen der falschen Vorspiegelung, die dadurch bewirkte Irrtumserregung und die darauf beruhende Vermögensverfügung des S. war gegeben, denn S. wollte auch nach dem ursprünglich auf einen Betrug des J. gerichteten Plan die 4000 Reichsmark nur gegen Übergabe des Wagens hingeben; er wurde also zu ihrer Hingabe durch die Vorspiegelung der in Wirklichkeit nicht vorhandenen Absicht der Übergabe des Wagens jedenfalls mitbestimmt. Die Handlung der Angeklagten wurde nicht dadurch zu einer erlaubten, daß S. selbst den J. betrügen wollte. (I, 28. Oktober 1930.) Amtl. Sammlg. S. 3—4.

Vgl. Bd. 44 S. 230.

3. Beschimpfung der Staatsform und der Reichsfarben. (RepSchG. § 8.) In der Wendung „Schwarz-Rot-Hühnereigelbe Judenrepublik" wurde eine Beschimpfung der verfassungsmäßigen republikanischen Staatsform in Tateinheit mit einer Beschimpfung der Reichsfarben erblickt. Der Angeklagte gehörte zur Zeit der Tat der Nationalsozialistischen Arbeiterpartei an; nach den Anschauungen dieser Kreise ist in dem Wort „Jude" alles zusammengefaßt, was man an verächtlichen Eigenschaften und Eigentümlichkeiten den Juden vorwerfen zu können glaubt. Aus dieser Einstellung heraus ergab sich, daß der Angeklagte mit der Bezeichnung „Judenrepublik" ein Schimpfwort gebrauchen und damit seine Verachtung gegenüber der Deutschen Republik zum Ausdruck bringen wollte. Demnach hatte er die Verfassung des Deutschen Reiches als solche, nämlich die in ihr enthaltenen Einrichtungen und Vorschriften, angreifen wollen, in denen sich der republikanische Gedanke verkörpert. Der Gebrauch des Wortes „hühnereigelb" statt „gold" ist nicht ohne weiteres und unter allen Umständen eine Beschimpfung der Reichsfarben, vielmehr kommt es für die Beurteilung dieser Frage darauf an, ob die Kundgebung in dem Zusammenhang, in dem sie erfolgt ist, entweder unmittelbar durch den Gebrauch der Worte oder mittelbar durch begleitende Umstände als besonders roh und verletzend angesehen werden muß. Das war hier anzunehmen, da der Angeklagte die Bezeichnung in unmittelbarer Verbindung mit dem Worte „Judenrepublik" gebrauchte, das für ihn der Begriff von etwas besonders Verächtlichem war. Auch der Gebrauch des Wortes „gelb" hätte in diesem Zusammenhang zu einer Verurteilung hingereicht. (III, 6. November 1930.)

Amtl. Sammlg. S. 4—6.

Vgl. Bd. 57 S. 209.

4. Schund- und Schmutzschriften. Gesetzesauslegung. (SchSchmSchrG. §§ 1, 6; GewO. §§ 42a, 56, 56a.) Ein Buchhändler versandte ein Lagerverzeichnis an andere Buchhändler; in diesem waren auch Schriften angeführt, die in der Liste der Schund- und Schmutzschriften aufgenommen waren. Er wurde in zwei Rechtszügen wegen verbotener Ankündigung solcher Schriften verurteilt. Das Reichsgericht verwies die Sache zurück. Das Gesetz verbietet zunächst solche Schriften im Umherziehen feilzuhalten, anzubieten oder anzukündigen, oder im Umherziehen auf sie Bestellungen zu suchen oder entgegenzunehmen (§ 1 Nr. 1). Dann fährt es fort: Sie dürfen im stehenden Gewerbe, von Haus zu Haus oder auf öffentlichen Wegen, Straßen, Plätzen oder an anderen öffentlichen Orten nicht feilgeboten, angekündigt sowie innerhalb der Verkaufsräume und in Schaufenstern oder an anderen von der Straße aus sichtbaren Orten nicht zur Schau gestellt werden; auch dürfen Bestellungen auf sie nicht gesucht werden. Die Untergerichte hatten angenommen, daß hierdurch jede Ankündigung innerhalb des stehenden Gewerbes verboten sei; sie hatten das hauptsächlich daraus gefolgert, daß hinter den Worten „im stehenden Gewerbe" ein Beistrich gesetzt sei. Das Reichsgericht erklärte, daß hierauf kein Gewicht gelegt werden könne, da die Möglichkeit nicht auszuschließen war, daß der Beistrich ohne besondere Absicht, nur gefühlsmäßig oder auch nur versehentlich, eingefügt worden sei. Inhalt und Tragweite der Vorschrift waren aus sachlichen Gesichtspunkten, besonders aus dem Zusammenhalt der verschiedenen Vorschriften, die nebeneinander gesetzt waren, zu ermitteln. Die Vorschriften lehnen sich an die Gewerbeordnung an, gehen aber in mehrfacher Hinsicht weiter. Der gewerbliche Betrieb im Umherziehen ist darnach dem Handel mit Schund- und Schmutzschriften schlechthin verschlossen; im stehenden Gewerbe aber dürfen sie insoweit nicht feilgeboten oder angekündigt werden, als dies von Haus zu Haus oder auf öffentlichen Wegen, Straßen, Plätzen oder an anderen öffentlichen Orten geschehen soll. Das Feilhalten und Ankündigen im Verkaufsraum selbst ist nicht untersagt, soweit nicht das Verbot der Schaustellung übertreten wird. Dieser Tatbestand war durch das Verhalten des Angeklagten nicht erfüllt; insbesondere war darin kein Ankündigen von Haus zu Haus zu erblicken. Die Einschränkung gilt auch für das Suchen von Bestellungen. Zu prüfen war, ob nicht die Kunden, welche die Schriften bezogen, diese im Umherziehen vertrieben und ob nicht der Angeklagte hieran in strafbarer Weise beteiligt war. (I, 7. November 1930.) Amtl. Sammlg. S. 6—13.

5. Branntweinmonopolhinterziehung. Dauerentnahme. Beweisvermutung. (BranntwMonG. § 123.) Der Verwalter einer Branntweinbrennerei entnahm fortgesetzt heimlich Spiritus aus den ihm zugänglichen Gefäßen. Er wurde wegen Diebstahls in Tateinheit mit Monopolhinterziehung verurteilt. Das Finanzamt legte Revision wegen der Strafbemessung ein mit der Begründung, daß es sich um eine fortgesetzte heimliche Entnahme gehandelt habe und daß darum soviel Weingeist als unbefugt entnommen hätte festgestellt werden müssen, als eine ununterbrochene Entnahme während der ganzen Betriebszeit ermöglicht hätte. Das Reichsgericht verwarf die Revision. Die im § 123 BranntwMonG. aufgestellte Beweisvermutung hat Vorrichtungen im Auge, die bis zu einem gewissen Grad selbsttätig als fortdauernde Entnahmen zu wirken geeignet sind; es genügt nicht, wenn durch jeweils neu einsetzende menschliche Tätigkeit fortgesetzt Branntwein entwendet wird. (II, 10. November 1930.) Amtl. Sammlg. S. 13—15.

6. Kraftwagenverkehr. Überholen. Fahrlässige Tötung. Fahrlässige Körperverletzung. Gesetzesauslegung. (StGB. § 230; KraftFahrzG. § 21; KraftFahrzVO. § 23.) Ein Kraftwagen überholte ein Kraftrad; er streifte dieses und brachte es zu Fall. Der Fahrer wurde getötet, eine mitfahrende Frau verletzt. Die Verurteilung wegen fahrlässiger Tötung, fahrlässiger Körperverletzung und Verfehlung gegen das Kraftfahrzeuggesetz wurde gebilligt. Der Angeklagte hatte allerdings das Kraftrad auf der linken Seite überholt; damit war aber der Vorschrift des § 23 Abs. 1 KraftFahrzVO. noch nicht Genüge geleistet. Im Abs. 2 wird weiter vorgeschrieben, daß die Überholung von Schienenfahrzeugen in solch seitlichem Abstand erfolgen müsse, daß die ein- und aussteigenden Fahrgäste nicht gefährdet werden; nach Abs. 3 darf der Führer nach dem Überholen sich erst dann wieder nach rechts wenden, wenn der überholte Wegbenutzer nicht gefährdet wird; in Abs. 4 ist das Überholen bei Verengung der Fahrbahn durch andere Wegbenutzer verboten. Diese Vorschriften, die in der erkennbaren Absicht getroffen worden sind, die Gefährdung der überholten Wegbenutzer zu verbieten, zwingen zu der Auslegung, daß auch im Abs. 1 nicht bloß die Seite vorgeschrieben ist, auf der überholt werden muß, sondern daß diese Vorschrift auch die Anordnung enthält, daß das Überholen in einer den überholten Wegbenutzer nicht gefährdenden Weise zu geschehen hat. (I, 14. November 1930.) Amtl. Sammlg. S. 15—16.

7. Unzüchtiger Gebrauch. Verhütung von Geschlechtskrankheiten. (StGB. § 184.) Das Gesetz zur Bekämpfung der Geschlechtskrankheiten beruht auf der Auffassung, daß die in der Ausbreitung der Geschlechtskrankheiten für die Volksgesundheit liegende schwere Gefahr eine vorzugsweise Bekämpfung durch jedes taugliche und durchführbare Mittel erheischt. Ein solches erblickt der Gesetzgeber auch in der Anwendung von Schutzmitteln, welche die Übertragung einer bestehenden Geschlechtskrankheit bei der Ausübung des Geschlechtsverkehrs zu verhindern und zu erschweren geeignet sind. Der Gebrauch solcher Schutzmittel ist durch die grundsätzliche Freigabe ihrer öffentlichen Ausstellung, Ankündigung oder Anpreisung erleichtert worden; diese sind nur dann strafbar, wenn sie in einer die Sittlichkeit oder den Anstand verletzenden Weise erfolgen. Mit dem Zweck der Vorschrift wäre es nicht vereinbar, wenn ihr Geltungsbereich lediglich auf Mittel und Gegenstände erstreckt würde, die ausschließlich der Verhütung von Geschlechtskrankheiten dienen, nicht auch auf solche, die, wie das in weitaus den meisten Fällen zutrifft, zugleich der Verhinderung oder Erschwerung der Empfängnis dienen und mithin nach herrschender Rechtsprechung zu unzüchtigem Gebrauch bestimmt sind. (II, 5. Juni 1930.) Amtl. Sammlg. S. 17—18.

8. Hofname. Verschleiertes Konto. (RAbgO. §§ 165, 371.) Eine Bauersfrau errichtete ein Sparkonto nicht auf ihren Familiennamen, sondern auf den Namen ihres Hofes, mit dem ihr Mann nach westfälischer Sitte nicht nur im Verkehr mit Privatpersonen, sondern auch mit Behörden bezeichnet wurde. Sie wurde wegen Führung eines verschleierten Kontos angeklagt, aber in allen Rechtszügen freigesprochen. Die Vorschrift verbietet, auf einen falschen oder erdichteten Namen für sich oder einen anderen ein Konto zu errichten oder Buchungen vornehmen zu lassen. Schon der Wortlaut ergibt, daß die Zuwiderhandlung nur vorsätzlich begangen werden kann. Im vorliegenden Fall war nach der Lage der tatsächlichen Verhältnisse und der sich hieraus ergebenden Auffassung des Geschäftsverkehrs die wirkliche Inhaberin des Kontos durch den gebrauchten Namen eindeutiger und zweifelsfreier gekennzeichnet als durch die Benutzung des ihr zwar gesetzlich zukommenden aber im Verkehr nicht gebrauchten Familiennamens. Von einem verschleierten Konto konnte also nicht gesprochen werden. (III, 17. November 1930.) Amtl. Sammlg. S. 18—21.

9. Beleidigung. Vorsatz. (StGB. § 185.) Ein preußischer Minister wurde in einer öffentlichen Versammlung als Judenbastard und lächerlicher Bonze bezeichnet. Das Landgericht sprach den Angeklagten frei mit der Begründung, daß die gebrauchten Ausdrücke, da sie eine verächtliche Bemäkelung der Geburt und eine herabsetzende Kennzeichnung der Persönlichkeit darstellten, zwar kaum anders denn als grobe Beschimpfungen aufgefaßt werden könnten, daß aber das Vorbringen des Angeklagten, er habe die Ausdrücke in einem besonderen Sinne gebraucht, nicht widerlegt worden sei, und daß, wenn dieser Sinn angenommen würde, das Bewußtsein der Ehrenkränkung nicht nachweisbar erscheine. Das Reichsgericht hob das Urteil auf. Die Beleidigung erschöpft sich nicht in der Äußerung; vielmehr kann wegen Beleidigung nur bestraft werden, wer mit der Äußerung einen Erfolg erzielt. Der Erfolg besteht darin, daß ein anderer die Äußerung sinnlich wahrnimmt und geistig erfaßt, so daß durch die Äußerung eine schlechte Vorstellung in ihm hervorgerufen wird. Ist das der Fall, so ist der Vorwurf vorsätzlicher Ehrverletzung auch dann begründet, wenn die Äußerung zwar in einem eigenartigen, von der allgemeinen Auffassung abweichenden, nicht geringschätzigen Sinn gebraucht wurde, der Täter aber sich bewußt war, daß die Äußerung von den Empfängern in ihrer regelmäßigen ehrenrührigen Bedeutung verstanden werde, und diesen Erfolg innerlich auch gut hieß. (II, 24. November 1930.) Amtl. Sammlg. S. 21—22.

10. Steuererklärung. Steuerverkürzung. Unvollständige Angabe. Bestes Wissen und Gewissen. Fahrlässigkeit. Ordnungswidrigkeit. (RAbgO. §§ 168, 359, 360, 367, 377.) Die Reichsabgabenordnung regelte das Steuerstrafrecht von Grund aus neu. Während die alten Steuerstrafgesetze in erster Reihe die steuergefährdenden Handlungen unter Strafe stellten, ging die Reichsabgabenordnung von dem rechtsverletzenden Erfolg aus. Sie erklärte sowohl die vorsätzliche als die fahrlässige Steuerverkürzung für strafbar; außerdem bedrohte sie die vorsätzlichen, auf eine Steuerverkürzung gerichteten Handlungen auch dann mit Strafe, wenn ihnen der Erfolg versagt blieb. Dagegen schreibt sie nirgends vor, daß zu bestrafen sei, wer aus Fahrlässigkeit eine zur Herbeiführung einer Steuerverkürzung geeignete Handlung vornimmt, insbesondere etwa unrichtige oder unvollständige Angaben in der Steuererklärung macht, ohne hierdurch eine Steuerverkürzung zu bewirken. Als Aushilfsvorschrift gewährt § 377 einen Strafschutz für die zahlreichen Anordnungen, die um der Besteuerung (einschließlich ihrer Vorbereitung, Sicherung und Nachprüfung) willen in Gesetzes- und Verwaltungsvorschriften niedergelegt sind. Die in den Steuergesetzen unter Strafe gestellten Handlungen oder Unterlassungen können als Ordnungswidrigkeiten auch dann nicht bestraft werden, wenn lediglich ihr äußerer Tatbestand nachgewiesen ist; vielmehr ergreift § 377 nur die Zuwiderhandlungen gegen andere Vorschriften. Diese stellen zumeist Gebote auf (Buchführung, Aufzeichnung, Anmeldung, Anzeige, Ablieferung usw.). Die Zuwiderhandlungen gegen diese Vorschriften sind strafbar, auch wenn sie eine Steuerverkürzung nicht zur Folge hatten und nach Lage des Falles nicht haben konnten. Ihre Strafbarkeit erfordert regelmäßig nicht den Nachweis einer Schuld. Die Feststellung des äußeren Tatbestandes genügt. Ist er festgestellt, so wird die Schuld vermutet; die Verhängung einer Ordnungsstrafe unterbleibt aber, wenn dargetan wird, daß ein Strafausschließungsgrund vorliegt oder daß die Zuwiderhandlung auf einem unabwendbaren Zufall beruht. Es fragte sich, ob hiernach der Steuerpflichtige, der in der Steuererklärung aus Fahrlässigkeit unrichtige oder unvollständige Angaben unter der Versicherung macht, die Erklärung nach bestem Wissen und Gewissen abgegeben zu haben, wegen Ordnungswidrigkeit bestraft werden kann. Das Reichsgericht verneinte die Frage. Die Feststellung, daß eine Angabe in der Steuererklärung unrichtig oder unvollständig ist, begründet noch keine Vermutung, daß der Steuerpflichtige sie nicht nach bestem Wissen und Gewissen gemacht hat; mußte aber diese Frage geprüft werden, so bedeutete das eine schwerwiegende Abweichung von der Regel, daß für die Bestrafung von Ordnungswidrigkeiten der Nachweis einer Schuld nicht erforderlich ist. Es muß auch die Auffassung abgelehnt werden, daß das beste Wissen und Gewissen das an sich im Hinblick auf die Umstände des Falles und die persönlichen Eigenschaften und Erfahrungen des Versichernden bestmögliche Wissen und Gewissen bedeute. Sie würde die Annahme in sich bergen, daß die Gesetze dem Versichernden mit der Versicherung die Fällung eines Werturteils über die Versicherung anvertrauten und aufbürdeten. Das beste Wissen und Gewissen kann nur jenes sein, das zur Zeit der Erklärung im Inneren des Steuerpflichtigen besteht; dieser macht die Angaben nach bestem Wissen und Gewissen, wenn er nichts besser, nichts anders weiß und versteht, als er angibt. Eine Ordnungswidrigkeit liegt vor, wenn der Steuerpflichtige die Versicherung verweigert; hat er dagegen in der Steuererklärung das angegeben, was mit seinem Wissen und Gewissen übereinstimmt, so hat er der Vorschrift über die Versicherung Genüge getan und kann wegen Ordnungswidrigkeit nicht in Strafe genommen werden. Sind seine gutgläubigen Angaben unrichtig oder unvollständig, so ist, wenn sie eine Steuerverkürzung nach sich ziehen, Anlaß zu der Untersuchung gegeben, ob er diesen Erfolg bei gehöriger Aufmerksamkeit hätte vermeiden können und wollen; eine solche Untersuchung hat aber keine Ordnungswidrigkeit zum Gegenstand. Da § 367 RAbgO. den Versuch nicht unter Strafe stellt, kann der Steuerpflichtige, wenn ihm nur Fahrlässigkeit bei der Abgabe seiner Steuererklärung nachzuweisen ist, eine Steuerverkürzung aber nicht eintritt, nicht bestraft werden. (II, 24. November 1930.)

Amtl. Sammlg. S. 22—31.

Vgl. Bd. 49 S. 78, 148; Bd. 57 S. 117, 313; Bd. 59 S. 116.

11. **Meineid. Strafermäßigung. Belehrung. Einheitliche Aussage.** (StGB. § 157.) In einem Verfahren gegen zwei Angeklagte wurde eine Zeugin, die Ehefrau eines der Angeklagten, darüber belehrt, daß sie das Recht habe, hinsichtlich ihres Ehemannes das Zeugnis zu verweigern. Das war unrichtig, da die Straftaten, deren die Angeklagten bezichtigt waren, in einem inneren Zusammenhang standen und ein strafbares Verhalten des einen Angeklagten ohne weiteres Rückschlüsse auf ein strafbares Verhalten auch des anderen zuließ. Die Aussage war auch schon äußerlich einheitlich, da die Zeugin erklärte, daß die den beiden Angeklagten zur Last gelegten Äußerungen nicht gefallen seien. Es hatte also Strafermäßigung einzutreten. (I, 25. November 1930.)

Amtl. Sammlg. S. 31—33.

Vgl. Bd. 59 S. 61; Bd. 60 S. 56.

12. **Falschbeurkundung. Öffentliches Register. Einzahlungsliste bei Postanweisungen.** (StGB. § 348.) Ein Postbeamter gab in der Einzahlungsliste für Postanweisungen die Tage der Einzahlung unrichtig an. Darin lag keine Falschbeurkundung. Die Einzahlungsliste ist an die Stelle des früheren Einnahmebuchs getreten, dem die Eigenschaft eines öffentlichen Registers zukam; sie enthält aber nicht mehr dieselben Eintragungen wie jene, sondern nur noch den Tag der Einzahlung, die Aufgabenummer und den Betrag, aber weder den Namen des Einzahlenden, noch den des Empfängers, noch den Bestimmungsort. Damit fehlt aber gerade die Angabe der Tatsachen,

die im Falle eines Verlustes des Einlieferungsscheins den dadurch erschwerten Beweis zu erleichtern vermöchten; nur die bei der Post verwahrten Teile der Postanweisungen sind hiefür geeignet. Die Einzahlungsliste dient hiernach nur dem inneren Postbetrieb und ist nicht mehr als öffentliches Register anzusehen. (II, 27. November 1930.) Amtl. Sammlg. S. 32—33.
Vgl. Bd. 21 S. 310.

13. **Betrug. Erwirkung eines Zahlungsbefehls.** (StGB. § 263.) Ein Händler, der Waren im Umherziehen verkaufte, erwirkte gegen die Personen, die mit Zahlungen rückständig waren, Zahlungsbefehle, die nicht nur über den Kaufpreis, sondern auch über angeblich durch Verzug entstandene Schadensbeträge lauteten. In Wirklichkeit waren Verzugsschäden überhaupt nicht oder nicht im angegebenen Umfang entstanden. Die Verurteilung wegen Betrugs wurde bestätigt. Der Angeklagte wollte die Käufer durch die ihnen zugestellten Zahlungsbefehle in den irrigen Glauben versetzen, daß die rechtswidrige Verzögerung ihrer Leistungen ihn zu Ausgaben in der angegebenen Höhe veranlaßt habe, auch weiter den Irrtum in ihnen erregen, daß die Ansprüche einer Prüfung durch das Gericht nach Grund und Betrag unterzogen worden seien; er wollte sich auf diese Weise Geldbeträge verschaffen, die ihm, wie er wußte, nicht zustanden. Allerdings kann regelmäßig ein Parteivorbringen im Rechtsstreit als Vorspiegelung einer falschen Tatsache auch dann nicht angesehen werden, wenn es bewußt unwahr ist; ebenso ist die Erwirkung eines Zahlungsbefehls über einen Anspruch, den der Gesuchsteller bewußt zu Unrecht erhebt, zur Erfüllung des Tatbestandes des Betrugs nicht ohne weiteres geeignet. Die Tatbestandsmerkmale sind aber erfüllt, wenn ein Gläubiger von seinen Schuldnern eine Zahlung unter der Vorspiegelung eines in Wirklichkeit nicht entstandenen Verzugschadens verlangt und sich zum Zwecke der Täuschung des Schuldners des Mittels eines Zahlungsbefehls bedient. (II, 27. November 1930.) Amtl. Sammlg. S. 33—36.
Vgl. Bd. 20 S. 391; Bd. 42 S. 410.

14. **Schußwaffengesetz. Waffenschein.** (SchußWG. §§ 15, 25.) Von seiner Wohnung aus schoß ein Mann mit einem Karabiner auf Katzen, die sich im Nachbargarten befanden. Die Verurteilung wegen Führens einer Schußwaffe außerhalb der Wohnung wurde nicht bestätigt. Unter Führen von Schußwaffen in der Öffentlichkeit sind nur jene Fälle zu verstehen, in denen sich Personen außerhalb ihrer Wohnung in der Öffent-

lichkeit bewegen und hiebei eine schußfertige oder leicht schußbereit zu machende Waffe mit sich tragen. Den hieraus sich ergebenden Gefahren wollte der Gesetzgeber vorbeugen, indem er hiefür den Besitz eines Waffenscheins verlangte, der nur zuverlässigen Personen und nur bei Nachweis eines Bedürfnisses erteilt werden soll. (III, 27. November 1930.)

Amtl. Sammlg. S. 36—37.

15. Posthilfsstelleninhaber. Beamter. Irrtum. (StGB. §§ 246, 267, 274, 348, 349, 350, 351, 354, 359.) Der Inhaber einer Posthilfsstelle nahm in drei Fällen Gelder zur Weitergabe an den Landbesteller an, behielt sie aber für sich, vernichtete in zwei Fällen die ihm übergebenen Zahlkarten und fertigte an der Stelle der einen von ihnen eine neue Zahlkarte an, die er dem Landbesteller mit dem ausgewiesenen, aus eigenen Mitteln beschafften Betrag aushändigte. Er wurde wegen Unterschlagung, Urkundenvernichtung und Urkundenfälschung verurteilt; Verbrechen im Amte wurde nicht für gegeben erachtet. Das Reichsgericht bestätigte das Urteil. Die Annahme von Postanweisungen und Zahlkarten gehört nicht zu den Verpflichtungen der Inhaber von Posthilfsstellen. Wünsche auf Annahme zum Zwecke der Weitergabe an den Landbesteller sollen allerdings berücksichtigt werden; auch ist darüber ein Annahmebuch zu führen, in dem der Landbesteller den Empfang zu bestätigen hat. Die postamtliche Handlung erfolgt aber erst durch den Landbesteller, der die ordnungsmäßige Ausstellung der Postanweisungen und Zahlkarten zu prüfen, die Annahme zu vollziehen und den Einlieferungsschein auszufüllen hat. Der Angeklagte hatte sich also nur als Privatmann mit der Entgegennahme und Verwahrung der Gelder und Zahlkarten befaßt. Sowohl dem Angeklagten als dem Aufgeber waren zudem die Dienstvorschriften bekannt; ein Irrtum, der zur Annahme eines Verbrechens im Amte ausgereicht hätte, lag also nicht vor. (I, 28. November 1930.)

Amtl. Sammlg. S. 38—40.
Vgl. Bd. 21 S. 52.

16. Richter. Ergänzungsrichter. Ausschließung. Ablehnung. (StPO. §§ 23, 338, 354; GVG. §§ 192, 193.) Ein Richter nahm an einer Hauptverhandlung vor dem Schöffengericht als Ergänzungsrichter teil; er wirkte bei mehreren Zwischenberatungen mit, nicht aber bei der Urteilsberatung. In der Verhandlung vor dem Berufungsgericht wirkte er ebenfalls mit. Der Verteidiger lehnte ihn als befangen ab;

die Strafkammer wies aber die Ablehnung zurück. In der Revision wurde ausgeführt, daß dies zu Unrecht geschehen, da der Richter übrigens auch schon kraft Gesetzes ausgeschlossen gewesen sei. Das Rechtsmittel hatte keinen Erfolg. Eine Mitwirkung bei einer Entscheidung ist nur dann gegeben, wenn der Richter sich an der Abstimmung beteiligt; die bloße Teilnahme bei einer Beratung reicht hiefür nicht aus. Die bloße dienstliche Beteiligung eines Richters an Prozeßvorgängen, die der entscheidenden Hauptverhandlung vorhergegangen sind, vermag die Ablehnung wegen Befangenheit auch dann nicht zu rechtfertigen, wenn diese Beteiligung mit der Entscheidung engere Berührung hat. (II, 8. Dezember 1930.) Amtl. Sammlg. S. 40—43.
Vgl. Bd. 31 S. 225; Bd. 55 S. 56; Bd. 58 S. 286; Bd. 59 S. 409; Bd. 60 S. 43; Bd. 61 S. 67.

17. **Steuergeheimnis. Rechtliches Zusammentreffen. Steuerzuwiderhandlung. Nebenklage.** (RAbgO. §§ 355, 356, 376, 377, 383, 437; StGB. § 73.) In einem Steuerausschuß wurde eine Steuererklärung beanstandet; bei der Aussprache hierüber wurde auch erwähnt, der Steuerpflichtige habe sein Einkommen nur mit 6000 Reichsmark angegeben, obwohl es wesentlich höher sei. Ein Mitglied des Steuerausschusses erzählte das weiter. Er wurde wegen übler Nachrede im rechtlichen Zusammenfluß mit einer Steuerzuwiderhandlung zu einer Gefängnisstrafe und einer Geldstrafe verurteilt. Die Revision wurde verworfen. Die Verletzung der Pflicht zur Wahrung des Steuergeheimnisses ist als eine Steuerzuwiderhandlung anzusehen; demgemäß konnte bei rechtlichem Zusammentreffen mit übler Nachrede neben der wegen dieses Vergehens erkannten Strafe auch noch eine Geldstrafe nach § 376 RAbgO. verhängt werden. Das Finanzamt ist in einem solchen Fall als Nebenkläger zuzulassen. Unter den Verhältnissen eines Steuerpflichtigen, deren unbefugte Mitteilung verboten ist, sind nicht nur die Tatsachen zu verstehen, die ein Steuerpflichtiger selbst über seine Angelegenheiten offenbart, sondern alle Dinge, die der Steuerbehörde oder den Steuerbeamten über Verhältnisse des Steuerpflichtigen bekannt geworden sind. Daß die Behauptung, der Steuerpflichtige habe sein Einkommen nur mit 6000 Reichsmark angegeben, unrichtig war, stand der Bestrafung wegen Verletzung des Steuergeheimnisses nicht entgegen; die Behauptung war in der Beratung aufgestellt worden und mußte geheimgehalten werden. (II, 8. Dezember 1930.) Amtl. Sammlg. S. 44—46.
Vgl. Bd. 56 S. 409; Bd. 63 S. 343

18. Steuerhinterziehung. Steuerhehlerei. Nachtat. (TabStG. §§ 56, 59, 60, 70; RG. 22. Dezember 1929.) Ein Kaufmann brachte Inlandszigaretten, die im Freihafengebiet lagerten, unversteuert in das Zollinland zurück und veräußerte sie. Der Erwerber verkaufte sie unversteuert in seinem Geschäftsbetrieb weiter. Er wurde wegen Steuerhinterziehung verurteilt. Seine Revision hatte Erfolg. Wenn jemand als Tabakwarenhändler wissentlich unversteuerte Zigaretten in seinem Gewahrsam hat und verkauft, begründet das die Vermutung der Steuerhinterziehung. Diese Vermutung kann aber durch den Nachweis entkräftet werden, daß ein Hinterziehungsvorsatz nicht gegeben war. Es besteht keine Beweislast des Angeklagten; vielmehr ist es Aufgabe des Gerichts, von Amts wegen den Sachverhalt zu ermitteln. Nach Beendigung der Steuerhinterziehung des Vorgängers des Angeklagten als abgeschlossener Vortat war für eine nochmalige Hinterziehung der schon von dem Vorgänger hinterzogenen Steuer durch den Angeklagten kein Raum, sondern höchstens für eine strafbare Nachtat im Sinne einer Begünstigung oder Steuerhehlerei. Im Urteil war auch nicht berücksichtigt, daß seit dem 1. Januar 1930 das Steuerstrafrecht der Reichsabgabenordnung auch für die Verfehlungen gegen die Tabaksteuer gilt; allerdings wäre die Handlung noch nach den aufgehobenen Vorschriften des Tabaksteuergesetzes zu beurteilen gewesen, da diese im Vergleich zu jenen der Reichsabgabenordnung milder sind. (III, 11. Dezember 1930.)

Amtl. Sammlg. S. 47—49.
Vgl. Bd. 34 S. 304; Bd. 56 S. 406; Bd. 57 S. 212.

19. Urkundenfälschung. Betrug. Eisenbahn-Monatskarte. Gesamturkunde. (StGB. §§ 263, 267.) Monatskarten werden von der Reichsbahn an den Fahrkartenschaltern ausgegeben. Sie sind nur gültig, wenn sie mit Tinte oder Tintenstift unterschrieben und mit dem gleichfalls unterzeichneten Lichtbild des Inhabers auf dem von der Eisenbahn vorgeschriebenen Lichtbildrahmen, der an den Fahrkartenschaltern abgegeben wird, ordnungsmäßig befestigt sind. Daß die Karte und das Lichtbild in Gegenwart eines Beamten zu unterzeichnen sind, ist nicht vorgeschrieben. Hiernach kann nicht angenommen werden, daß die Fahrkarte und das Lichtbild, nachdem sie beide in dem Rahmen miteinander verbunden worden sind, eine öffentliche Gesamturkunde darstellen; das würde nur dann der Fall sein, wenn die Fahrkarte und das Lichtbild in ihrer Vereinigung eine

Erklärung verkörperten, die über den Inhalt der Gedankenäußerung hinausginge, die in jedem der beiden Teilstücke, für sich allein betrachtet, beurkundet ist. Das trifft nicht zu. Wohl bildet die Fahrkarte mit dem auf ihr befindlichen Namenszuge eine einheitliche Urkunde, weil sie nach den bestehenden Vorschriften und dem auf der Fahrkarte aufgedruckten Vermerk zusammen die bestimmte Person bezeichnen, die die Reichsbahn als den ihr gegenüber berechtigten Inhaber der Karte anerkennt. Diese Erklärung erfährt aber durch die Beifügung des Lichtbilds zu der Fahrkarte keine inhaltliche Änderung. Da die Vereinigung der Fahrkarte mit dem Lichtbild ohne jede Mitwirkung oder Überwachung der Reichsbahn zustandekommt, kann in dieser Verbindung nicht die Erklärung der Reichsbahn gefunden werden, daß die in dem Lichtbild dargestellte Person mit jener, die ihren Namenszug auf der Fahrkarte niedergeschrieben hat, eine und dieselbe und mithin der der Bahn gegenüber berechtigte Inhaber der Karte sei. Die Verbindung des Lichtbilds mit der Fahrkarte in dem amtlichen Rahmen hat nur die Bedeutung, eine Bedingung zu erfüllen, an die die Ausübung der in der Fahrkarte beurkundeten Berechtigung geknüpft ist. Nicht schon die Fahrkarte für sich allein berechtigt zum Antritt der Reise, sondern nur sie und das Lichtbild zusammen und auch sie beide nur in der Form der vorgeschriebenen Vereinigung in dem amtlich gelieferten Rahmen; diese Verbindung erbringt nicht vermöge ihres urkundlichen Inhalts, sondern als Augenscheingegenstand den Nachweis, daß die in den Verkehrsvorschriften aufgestellte Bedingung für die Benutzung der Fahrkarte erfüllt ist. Die durch den Rahmen geschaffene und gewährleistete feste Verbindung der Fahrkarte mit dem Lichtbild soll die möglichst rasche und sichere Feststellung ermöglichen, daß der Vorzeiger der Fahrkarte wirklich der ist, dessen eigenhändiger Namenszug auf der Fahrkarte steht und der darum allein der berechtigte Inhaber der Karte ist. Im gegebenen Fall hatte der Angeklagte von einer auf seinen Bruder ausgestellten, von diesem unterzeichneten und mit dessen gleichfalls unterzeichnetem Lichtbild vereinigten Monatskarte das Lichtbild weggenommen, es durch sein eigenes, mit seinem Namen unterzeichnetes Lichtbild ersetzt und sie dann wieder in den Rahmen, in dem sie bis dahin gewesen war, eingefügt. Dadurch wurde der Tatbestand der Urkundenfälschung nicht erfüllt. Die Vorweisung der Karte mit dem nicht zu ihr gehörigen Lichtbild durch den Angeklagten war zwar die Vorspiegelung einer falschen Tatsache, aber nicht das Gebrauchmachen von einer falsch angefertigten oder verfälschten Urkunde. (II, 11. Dezember 1930.)

Amtl. Sammlg. S. 49—51.
Vgl. Bd. 46 S. 412.

20. Bestechung. Gebührüberhebung. Betrug. (StGB. §§ 263, 331, 353.) Die bei den Besichtigungen der Ladungen im Hafen von Bremen festgestellten Befunde werden in ein amtliches Buch eingetragen. Auskunft über die Eintragungen wird nur durch Aushändigung beglaubigter Abschriften erteilt; für solche Abschriften werden Gebühren von 1,60 Reichsmark erhoben. Der Vertreter einer Versicherungsgesellschaft, der solche Auskünfte häufig brauchte, fragte den Beamten, der die Abschriften herstellte und die Gebühren einhob, ob es nicht möglich sei, billigere Auskunft zu erhalten. Dieser erwiderte ihm, er könne auch unbeglaubigte Abschriften haben; für diese sei nur eine Schreibgebühr zu erlegen. Er fertigte dann lange Zeit solche Abschriften für ihn und berechnete für eine Abschrift mit zwei Durchschlägen 1,20 Reichsmark. Die Beträge behielt er für sich. Er wurde wegen Bestechung verurteilt. Seine Revision wurde verworfen. Der Tatbestand der Bestechung war allerdings nicht hinreichend dargetan. Die Beträge wurden dem Angeklagten in der Annahme gezahlt, daß es sich um staatliche Gebühren handle und daß er sie in die Staatskasse abliefere; diese Feststellung schloß die Annahme einer Bestechung aus, da zu deren Wesen die vertragsmäßige Willensübereinstimmung der Beteiligten gehört, daß dem Beamten, als Gegenleistung für eine Amtshandlung, ein Vorteil zufließen soll. Dagegen waren in dem Tatbestand andere strafbare Handlungen zu finden. Der Angeklagte hatte als ein Beamter, der Gebühren für eine öffentliche Kasse zu erheben hatte, Abgaben erhoben, von denen er wußte, daß der andere Teil sie nicht schuldete, und hatte diese Beträge nicht zur Kasse abgeliefert. Dadurch hatte er sich einer fortgesetzten Gebührenüberhebung schuldig gemacht. Daß die Erteilung unbeglaubigter Abschriften und demgemäß auch die Erhebung von Schreibgebühren für solche Urkunden nicht vorgeschrieben war, schloß die Anwendung dieser Strafvorschrift nicht aus. Die Bezahlung der Beträge hatte der Angeklagte durch die unwahre Vorspiegelung erlangt, sie seien als Schreibgebühr für die Amtshandlung geschuldet. Der andere Teil zahlte mit der angeblichen Gebühr eine nicht bestehende Schuld, erlitt also einen Vermögensnachteil; der Angeklagte dagegen verfolgte mit der Täuschung den Zweck, für sich einen Vermögensvorteil, den Besitz der als Gebühr bezahlten Geldbeträge, zu erlangen. Somit war auch der Tatbestand des Betrugs erfüllt. Da kein Anhaltspunkt dafür bestand, daß der Angeklagte sich gegenüber diesen Beschuldigungen wirkungsvoller, als geschehen, hätte verteidigen können, und daß eine geringere Strafe ausgesprochen worden wäre, bedurfte es keiner Zurückverweisung der Sache; nur der Schuldausspruch wurde geändert. (III, 15. Dezember 1930.)

Amtl. Sammlg. S. 52—55.

Vgl. Bd. 8 S. 84; Bd. 22 S. 306; Bd. 26 S. 259; Bd. 41 S. 9.

21. **Glückspiel. Behördliche Genehmigung. Irrtum.** (St.-GB. §§ 59, 284, 284a, 285; GlückspG. vom 23. Dezember 1919.) Der Erfinder eines Glückspielapparats stellte einen solchen in einem Gasthaus auf. Er wurde wegen gewerbsmäßigen Glückspiels verurteilt; seine Revision wurde verworfen. Rechtsirrig wäre allerdings die Auffassung gewesen, daß schon die Aufstellung als solche den Angeklagten strafbar gemacht hätte. Wegen gewerbsmäßigen Glückspiels kann nur verurteilt werden, wer den Spielvertrag in eigenem Namen abschließt. Das hatte aber der Angeklagte getan. Er war im Spielvertrag den Mitspielern als Gegner gegenübergetreten, hatte den Gewinn erhalten und den Verlust getragen. Der Angeklagte hatte sich darauf berufen, daß er behördliche Erlaubnis zur Aufstellung des Apparats gehabt habe. Die gewerbsmäßige Selbstbeteiligung am Glückspiel wird aber durch eine behördliche Erlaubnis nicht straflos gemacht. Eine solche Erlaubnis wäre strafrechtlich wirkungslos und ein Irrtum des Spielers wäre unbeachtlich. (III, 15. Dezember 1930.) Amtl. Sammlg. S. 55—57.

Vgl. Bd. 29 S. 376; Bd. 42 S. 68, 117; Bd. 62 S. 163; Bd. 64 S. 355.

22. **Republikschutzgesetz. Änderung der Gesetzgebung. Zeitgesetz. Auflösung eines Vereins.** (StGB. § 2; RepSchG. 1922 § 19, 1930 § 11.) Ein Verein wurde Anfangs Mai 1929 aufgelöst, weil als erwiesen angesehen wurde, daß er gegen die Vorschriften des damals geltenden Republikschutzgesetzes von 1922 verstieß. Wegen Unterstützung dieses Vereins wurde auf eine Gefängnisstrafe von drei Monaten erkannt. Nach dem früheren Republikschutzgesetz unter dessen Geltung die Handlung begangen wurde, war das die geringste Strafe; nach dem neuen Republikschutzgesetz ist die geringste Strafe ein Monat Gefängnis. Die Herabsetzung beruhte auf einer Wandelung der Rechtsanschauungen über die Strafwürdigkeit eines solchen

Vergehens. Unter dieser Voraussetzung ist auch bei Änderung eines Zeitgesetzes, wie das das frühere Republikschutzgesetz war, das mildere Gesetz zur Anwendung zu bringen. Die Sache wurde zur neuen Festsetzung der Strafe zurückverwiesen. (II, 15. Dezember 1930.) Amtl. Sammlg. S. 57—58.

Vgl. Bd. 57 S. 209; Bd. 61 S. 222; Bd. 64 S. 399.

23. Abgabe und Erwerb von Rauschgiften. Tateinheit. Gesetzeseinheit. (OpiumG. §§ 2, 3, 5, 8, 9.) Ein Apothekergehilfe gab an einen Bekannten Kokain ohne Rezept ab. Das verstieß gegen § 8 Nr. 1 OpiumG. Die im § 2 Abs. 4 enthaltene Vorschrift, daß Kokain in Apotheken als Heilmittel ohne Erlaubnis erworben werden kann, ist überholt durch die auf Grund des § 2 Abs. 5 aufgestellte Vorschrift, daß für die Abgabe wie für den Erwerb ein Rezept notwendig ist; es kommt hiebei nicht darauf an, ob das Gift zu Heilzwecken oder zu Genußzwecken erworben wird. Das Landgericht hatte bei den beiden Angeklagten auch ein Vergehen nach § 8 Nr. 2 für gegeben erachtet, weil der Erwerber nicht im Besitz eines Bezugsscheins war. Die beiden Strafvorschriften stehen aber im Verhältnis der Gesetzeseinheit. Einen Bezugschein nach § 3 kann nur erhalten, wer eine Erlaubnis nach § 2 besitzt; das Verbot, ohne Bezugschein zu erwerben, kann sich nur an Personen richten, die schon im Besitz der Erlaubnis sind. Für die Abgabe gilt das gleiche. In dem Erwerb und der Abgabe ohne Erlaubnis liegt rechtsnotwendig, daß sie zugleich ohne Bezugschein erfolgt. Ebenso unrichtig war es, daß das Landgericht auch § 8 Nr. 3 angewendet hatte. Hiernach wird bestraft, wer den auf Grund der §§ 5 und 9 erlassenen Bestimmungen zuwiderhandelt. Der Rezeptzwang hat aber seine Grundlage im § 2 Abs. 5, nicht im § 9. (III, 18. Dezember 1930.) Amtl. Sammlg. S. 59—60.

Vgl. Bd. 62 S. 281.

24. Steuerhinterziehung. Nebenklage. Nachprüfung. Feststellungsurteil. Tateinheit. (StGB. § 73; StPO. §§ 331, 358, 401; RAbgO. §§ 383, 432, 437.) Gegen ein schöffengerichtliches Urteil, das von der Anklage einer Hinterziehung der Rennwettsteuer freisprach, legte das Finanzamt als Nebenkläger Berufung ein. Das Landgericht verurteilte wegen unerlaubten gewerbsmäßigen Buchmachens in Tateinheit mit Hinterziehung der Rennwettsteuer. Die Revision des Angeklagten wurde verworfen. Bildet die Verletzung mehrerer Strafgesetze durch eine und dieselbe Handlung den Gegenstand der Urteilsfindung und beruht das Klagerecht des Nebenklägers nur auf einem

dieser Gesetze, so kann der Nebenkläger ein Rechtsmittel nicht einlegen, wenn zwar das Gesetz, das die Nebenklage trägt, richtig angewendet, ein anderes Gesetz aber nicht oder unrichtig angewendet worden ist. Dagegen findet, wenn der Nebenkläger ein zulässiges Rechtsmittel eingelegt hat, eine Beschränkung der Nachprüfung der angefochtenen Entscheidung nicht statt; vielmehr hat das Rechtsmittelgericht in erschöpfender Weise zu würdigen, welche Gesetze durch die angefochtene Entscheidung verletzt sind, und ihre vollkommene Anwendung herbeizuführen. Die vollkommene Anwendung kann sich nicht auf den Schuldspruch beschränken; sie muß eine Wirkung auch auf die Straffestsetzung ausüben. Der entscheidende Senat hat allerdings früher die Auffassung ausgesprochen, daß auf ein nur von dem Nebenkläger eingelegtes Rechtsmittel der Angeklagte zwar der Verletzung eines das Nebenklagerecht nicht stützenden, im angefochtenen Urteil nicht angewandten Strafgesetzes schuldig gesprochen werden könne, daß aber eine Strafe wegen dieser Gesetzesverletzung nicht verhängt werden dürfe. Diese Auffassung wurde nicht mehr festgehalten. Bloße Feststellungsurteile sind dem Strafverfahren fremd. Nur in ganz besonders gelagerten Ausnahmefällen wird um des Rechtsschutzes des Angeklagten willen das Gericht an der Verhängung der dem Gesetz an sich entsprechenden Strafe gehindert. Wenn jemand wegen fahrlässiger Tötung verurteilt worden ist und das Urteil unbeschränkt anficht, so kann die Entscheidung des Berufungsgerichts dahin lauten, daß er wegen Mordes zu einer Geldstrafe verurteilt wird. Wenn aber auch ein solches Ergebnis unter dem Zwang von Ausnahmevorschriften ertragen werden muß, ist die Rechtsprechung doch nicht veranlaßt, darauf hinzuarbeiten, daß das Mißverhältnis zwischen der Strafwürdigkeit der Handlung und der Strafe Eingang in ein Gebiet erlangt, auf dem gleichartige Vorschriften fehlen. Darum wurde auch die Auffassung des Oberreichsanwalts abgelehnt, daß der Angeklagte zwar wegen der Verletzung beider Gesetze für schuldig erklärt, aber zu keiner schwereren Strafe verurteilt werden könne, als in dem der Nebenklage zugrunde liegenden Gesetz zugelassen ist. (II, 22. Dezember 1930.) Amtl. Sammlg. S. 60—65.
Vgl. Bd. 36 S. 83; Bd. 41 S. 349; Bd. 45 S. 321; Bd. 46 S. 45; Bd. 61 S. 349; Bd. 63 S. 67.

25. Körperverletzung. Hinterlistiger Überfall. (StGB. § 223 a.) Hinterlistig ist ein Überfall nicht schon deswegen, weil er von hinten ausgeführt wird. Das ist begrifflich weder notwendig noch, wo es zutrifft, allein entscheidend. Hinterlistig ist ein Überfall dann, wenn der Täter dabei planmäßig in einer auf Verdeckung seiner wahren Absicht berechneten Weise, eben mit List, zu Werke geht, um gerade hierdurch dem Angegriffenen die Abwehr des nicht erwarteten Angriffs zu erschweren. Hinterlistig ist nicht schon allein die bewußte Ausnutzung des in der Überraschung durch den Überfall für den Angegriffenen liegenden Nachteils und überhaupt nicht ein bloßer innerer Tatbestand; sie muß auch in den äußeren Umständen, unter denen, und in der Art und Weise, wie der Überfall stattfindet, in die Erscheinung treten, etwa dadurch, daß der Täter dem Gegner auflauert, daß er ihn anschleicht, daß er ihn durch scheinbar friedfertiges Gebahren in Sorglosigkeit wiegt, ihn veranlaßt, ihm den Rücken zuzuwenden und dergl. Ein hinterrücks geschehener plötzlicher Angriff braucht nicht hinterlistig zu sein; er ist es dann nicht, wenn er in augenblicklicher Aufwallung planlos unternommen wird. Wer dagegen einem anderen durch ein harmloses Gespräch Friedfertigkeit vortäuscht, um ihn dann hinterrücks zu überfallen, handelt hinterlistig. So war der zu entscheidende Fall gelagert gewesen. Der Angeklagte hatte gelegentlich eines Besuchs seinem Schwiegervater, nachdem er mit ihm friedlich zu Abend gegessen hatte, im Anschluß an eine kurze Auseinandersetzung von hinten mit einem Totschläger mehrere wuchtige Schläge auf den Kopf versetzt. (III, 22. Dezember 1930.) Amtl. Sammlg. S. 65—67.

Vgl. Bd. 2 S. 74; Bd. 22 S. 311.

26. Preßgesetzliche Verantwortung. Periodische Druckschrift. Verleger. Drucker. Unbestimmter Vorsatz. Bedingter Vorsatz. (PreßG. § 20.) Der Verleger einer Zeitschrift, in der ein beleidigender Aufsatz enthalten war, wurde wegen Beleidigung verurteilt, obwohl er den Aufsatz nicht gelesen und auch seinen Inhalt nicht gekannt hatte. Das Landgericht hatte die Verurteilung damit begründet, daß Aufsätze desselben Verfassers, in denen Beleidigungen enthalten waren, mehrfach in die Zeitschrift aufgenommen worden seien, daß der Angeklagte auch wegen Mitwirkung an diesen Beleidigungen wiederholt angeklagt und einmal verurteilt worden sei, daß er also mit dem Eingang weiterer Aufsätze desselben Verfassers, in denen Beleidigungen enthalten waren, gerechnet, gleichwohl aber keine Maßnahmen gegen die Veröffentlichung getroffen habe. Seine Revision hatte Erfolg. Beim verantwortlichen Schriftleiter einer periodischen Zeitschrift wird seine Kenntnis vom Inhalt der

Zeitschrift ohne weiteres als vorhanden angesehen, wenn sie nicht durch besondere Umstände ausgeschlossen wird, also auch, wenn der Gegenbeweis zu einem nicht zweifelsfreien Ergebnis geführt hat. Gegen den Verleger und Drucker dagegen besteht keine gesetzliche Beweisvermutung; ihnen ist die Kenntnis vom Gericht im regelmäßigen Beweisverfahren nachzuweisen. Dabei ist zu beachten, daß es regelmäßig nicht zu den besonderen Pflichten des Verlegers und Druckers einer periodischen Zeitschrift gehört, ihnen auch meist gar nicht möglich sein wird, die zu veröffentlichenden Aufsätze durchzusehen und zu prüfen; das ist Aufgabe des verantwortlichen Schriftleiters. Ausgeschlossen ist freilich nicht, daß auch beim Verleger oder Drucker im Einzelfall der unbestimmte Vorsatz als ausreichend anzusehen ist; aber bei dem eigenartigen rechtlichen und tatsächlichen Verhältnis eines Zeitungsunternehmens, bei denen Verleger und Drucker sich auf die geschäftliche und technische Seite zu beschränken pflegen, wird es immer einer besonders sorgfältigen Prüfung bedürfen, ob im gegebenen Fall ein solcher unbestimmter Vorsatz dieser Personen angenommen werden darf. Der Begriff des bedingten Vorsatzes darf ohnehin nicht über die durch das Wesen vorsätzlicher Verschuldung gezogenen Grenzen hinaus ausgedehnt werden. Keinesfalls ist er schon dann erfüllt, wenn der Drucker, der Verleger oder der Schriftleiter die Veröffentlichung von Aufsätzen als möglich voraussieht und in seinen Willen aufnimmt, die irgendwelche Gesetzesverletzung enthalten; er muß sich vielmehr einer Gesetzesverletzung in bestimmter Richtung, wenn auch nicht in allen Einzelheiten, so doch mehr oder weniger bestimmt, als möglichen Erfolg seines Tuns vorgestellt und in diesem Bewußtsein gebilligt und gewollt haben. Die ganz allgemeine Annahme des Verlegers, der Verfasser der früher eingesandten beleidigenden Aufsätze werde irgendwann in einer Nummer der Zeitschrift irgendwelche Beleidigungen veröffentlichen, reichte nicht aus, um einen bedingten Vorsatz für die veröffentlichten Beleidigungen festzustellen. Unter keinen Umständen konnte die Verurteilung des Angeklagten als Täter gebilligt werden. Bei der Stellung, die Verleger und Drucker einer Zeitschrift zum Verfasser und verantwortlichen Schriftleiter einnehmen, wird im Regelfall bei natürlicher Betrachtungsweise die Tätigkeit des Verlegers und Druckers nur als Beihilfe zu einer vom Verfasser oder verantwortlichen Schriftleiter durch die Presse begangenen strafbaren Handlung erscheinen, wenn sie bei einer Veröffentlichung nicht mit voller Kenntnis vom Inhalt des abgedruckten

Aufsatzes mitgewirkt haben. Allerdings ist die Annahme der Täterschaft nicht grundsätzlich ausgeschlossen; so ist sie für den Verleger in einem Fall als richtig anerkannt worden, wo er der eigentliche Leiter der Zeitung war und ihr die politische Färbung gab. So lag die Sache hier nicht. Das Landgericht hatte in anderem Zusammenhang ausgeführt, daß der Angeklagte, um den Druckauftrag nicht zu verlieren, ab und zu eine Beleidigung habe durchgehen lassen; daraus ergab sich aber keinesfalls, daß er selbst und unabhängig von dem Willen des Verfassers diese Beleidigungen veröffentlichen wollte. (II, 22. Dezember 1930.) Amtl. Sammlg. S. 67—71.

Vgl. Bd. 22 S. 65, 78, 84; Bd. 29 S. 40; Bd. 31 S. 211, 217.

27. **Einkommensteuer. Steuergefährdung. Fahrlässigkeit. Vorläufiger Steuerbescheid. Strafbarer Erwerb. Vorentscheidung. Ordnungswidrigkeit.** (EinkStG. § 6; RAbgO. §§ 82, 359, 367, 377, 433.) Ein Bankier reichte eine Steuererklärung ein, wonach er kein Einkommen gehabt hatte. Das Finanzamt zweifelte an der Richtigkeit der Buchführung; da die notwendigen Feststellungen nicht sofort getroffen werden konnten, erließ es einen vorläufigen Steuerbescheid, wonach die Steuer auf 0,00 Reichsmark festgesetzt wurde. Ob der Steuerbescheid zugestellt wurde, konnte nicht festgestellt werden. Später wurde ein zweiter Steuerbescheid erlassen, der auch Rechtskraft erlangte. Der Anklage wegen Steuerverkürzung setzte der Bankier den Einwand entgegen, das nachgewiesene Einkommen habe aus Veruntreuungen gestammt, wegen deren er auch verurteilt worden sei. Das Reichsgericht sprach ihn frei. Die Strafbarkeit eines Erwerbs schließt die Steuerpflicht nicht unbedingt aus; so sind Einnahmen aus gewerbsmäßiger Kuppelei steuerpflichtig, da sie trotz der Strafbarkeit Einkünfte aus Gewerbebetrieb sind. Veruntreuungen gehören aber nicht nach der Verkehrsauffassung zum Gewerbebetrieb eines Bankiers. Der Erlös aus hinterlegten fremden Wertpapieren kommt als Einkommen auch schon deshalb nicht in Betracht, weil die veräußerten Gegenstände nicht zum vermögenssteuerpflichtigen Vermögen des Veräußerers gehört haben. Aber auch hievon abgesehen war der Tatbestand eines Steuervergehens nicht nachgewiesen. Das Schöffengericht hatte angenommen, daß dem Angeklagten kein vorsätzliches Verschweigen von steuerpflichtigen Einnahmen, sondern nur Fahrlässigkeit zur Last falle. Hieran war das Reichsgericht gebunden. Es kam also höchstens Steuergefährdung in Frage, die nur bei vollendeter Steuerverkürzung strafbar ist. Bei Steuern, die einer

Veranlagung bedürfen, ist zu der Annahme, daß durch eine unrichtige Steuererklärung eine vollendete Steuerverkürzung bewirkt worden sei, erforderlich, daß es auf Grund der unrichtigen Steuererklärung zu einer zu niedrigen verbindlichen Festsetzung der Steuer gekommen ist; hiezu gehört auch die vorgeschriebene Bekanntgabe an den Steuerschuldner. Ob die Steuererklärung eine solche Wirkung gehabt hat, ob sie also für die Höhe des erlassenen Steuerbescheides maßgebend gewesen ist und ob dieser als verbindliche Festsetzung der Steuer anzusehen ist, hat im gerichtlichen Steuerstrafverfahren ausschließlich der Strafrichter zu entscheiden, ohne an Vorentscheidungen der Finanzbehörden gebunden zu sein. Im gegebenen Fall lag kein Nachweis vor, daß die vorläufige Veranlagung dem Angeklagten zugestellt worden war; einer Prüfung dieser Frage bedurfte es aber nicht, da in der vorläufigen Veranlagung überhaupt keine verbindliche Steuerfestsetzung gefunden werden konnte. Solange eine Steuer nur vorläufig festgesetzt ist und die endgültige Stellungnahme der Steuerbehörde zu den Angaben des Steuerschuldners in der Steuererklärung noch aussteht, kann von einer durch die unrichtige Steuerklärung bewirkten Steuerverkürzung nicht die Rede sein. Das traf hier um so mehr zu, als die vorläufige Veranlagung nicht deshalb erfolgte, weil man der Steuererklärung des Angeklagten Glauben schenkte, sondern weil man sie für unrichtig hielt. Sie diente nur der vorläufigen buchmäßigen Erledigung der Steuersache. Die alleinige Tatsache der Abgabe einer fahrlässigen unrichtigen Steuererklärung kann auch nicht als Ordnungswidrigkeit bestraft werden. (II, 22. Dezember 1930.)

Amtl. Sammlg. S. 71—76.

Vgl. Bd. 57 S. 117; Bd. 59 S. 90, 95, 115, 401; Bd. 60 S. 307; Bd. 61 S. 81; Bd. 63 S. 322; Bd. 65 S. 22; RFH. Bd. 2 S. 225; Bd. 8 S. 301; Bd. 25 S. 253.

28. **Kraftwagen. Haltendes Schienenfahrzeug.** (KraftFahrzVO. § 23.) Unter einem haltenden Schienenfahrzeug ist nicht nur das stillstehende, sondern auch das der Haltestelle sich nähernde Schienenfahrzeug zu verstehen, das erkennbar schon im Anhalten begriffen, zu diesem Zweck gebremst oder ohne Strom ist und sich nur noch in der letzten Auslaufbewegung befindet. Die Vorschrift, daß ein an einer Haltestelle haltendes Schienenfahrzeug nicht überholt werden darf, will Personen, die an einer Haltestelle die Straßenbahn verlassen oder be-

steigen wollen und dazu den Fahrweg betreten müssen, vor den Gefahren des Straßenverkehrs schützen; sie kann ihren Zweck nur erfüllen, wenn berücksichtigt wird, daß sich die Einsteigenden nach allgemeiner Erfahrung, um sich die Möglichkeit der Mitfahrt zu sichern und die Abfertigung der Straßenbahn nicht zu verzögern, an der Haltestelle schon an die Straßenbahngeleise begeben, wenn die herannahende Straßenbahn sich unmittelbar vor dem Stillstand befindet. (II, 5. Januar 1931.)

Amtl. Sammlg. S. 77—78.

29. Totenschein. (StGB. § 278.) Ein Arzt nahm an einer Frau eine Operation vor; die Frau starb bald nachher. In dem Totenzeugnis machte der Arzt unrichtige Angaben über die Krankheit, die den Tod herbeigeführt hatte. Das Landgericht verurteilte ihn; das Reichsgericht sprach ihn frei. Das Zeugnis konnte nicht als ein Zeugnis über den Gesundheitszustand der Frau angesehen werden; die Angabe der Krankheit war keine Gesundheitsbescheinigung. (I, 9. Januar 1931.)

Amtl. Sammlg. S. 78—79.

30. Auslieferung. Vorläufige Auslieferungshaft. (AuslG. §§ 18, 21.) Zwei Männer, die von den polnischen Behörden wegen Raubmords gesucht waren, wurden am 12. Dezember 1930 festgenommen; am 20. Dezember 1930 wurde Haftbefehl gegen sie erlassen. Die Monatsfrist, die mit der Verhaftung beginnt, war erst vom 20. Dezember 1930 an zu rechnen. Das Auslieferungsgesetz behandelt als Regel den Fall, daß die Festnahme auf Grund eines Haftbefehls erfolgt; darum ist auch vorgeschrieben, daß dieser dem Angeklagten bei der Verhaftung bekanntzugeben ist. Ist die Haft erst nach einer Festnahme angeordnet worden, so beginnt mit dieser Anordnung die vorläufige Auslieferungshaft. (III, 8. Januar 1931.)

Amtl. Sammlg. S. 79—80.

31. Wertersatz. Ersatzfreiheitsstrafe. (StGB. § 29; RAbgO. §§ 355, 378, 435; BranntwMonG. §§ 147, 148; RVO. vom 20. November 1925.) § 378 RAbgO. ist durch die Verordnung vom 20. November 1925 gestrichen worden. Das geschah aber nur, um die Art, in der eine Ersatzfreiheitsstrafe nach Steuerstrafrecht zu bestimmen ist, mit den Vorschriften des Strafgesetzbuches in Einklang zu bringen. Der Grundsatz, daß der nach Steuerstrafrecht festzusetzende Wertersatz als Geldstrafe anzusehen und im Falle der Uneinbringlichkeit in eine Freiheitsstrafe umzuwandeln ist, hat sich nicht geändert. (I, 6. Januar 1931.)

Amtl. Sammlg. S. 81.

32. Verjährung. Unterbrechung. Preßvergehen. Verfahrensvorschrift. Ermittelungsverfahren. (StGB. §§ 66, 68, 69; PreßG. § 22; StPO. §§ 162, 163, 165, 166, 340.) Während eines Ermittelungsverfahrens wegen eines Preßvergehens beantragte der Staatsanwalt zur Unterbrechung der Verjährung eine Anfrage nach dem Aufenthalt des Beschuldigten an die Polizeiverwaltung zu richten und das Strafregister des Beschuldigten einzufordern. Das Amtsgericht gab dem Antrag statt. Das Schöffengericht stellte das Verfahren ein, weil die Verfügung des Amtsgerichts nicht ausgereicht habe, um die Verjährung zu unterbrechen. Das Reichsgericht verwies die Sache zurück. Die Revision war zulässig, weil die Vorschriften über die Verjährung nicht nur dem Verfahren angehören. Bei der Frage, ob eine laufende Verjährung durch bestimmte Handlungen unterbrochen worden ist, handelt es sich um Vorgänge des Verfahrens, die vom Revisionsgericht selbständig und unabhängig von der Würdigung der Untergerichte auf der Grundlage des gesamten Akteninhalts zu prüfen sind. Die Tätigkeit des Amtsrichters im Ermittelungsverfahren wird allerdings durch die Prozeßordnung geregelt; diese Vorschriften bestimmen aber nicht den Inhalt der richterlichen Untersuchungshandlung, sondern nur die Anlässe, aus denen (auf Antrag der Polizeiverwaltung oder der Staatsanwaltschaft oder von Amts wegen) schon im Vorbereitungsverfahren eine Tätigkeit des Richters einzusetzen hat. Das Gesetz grenzt die richterliche Untersuchungshandlung in keiner Weise ab und beschränkt den Richter nur auf die Prüfung, ob die beantragte Handlung nach den Umständen des Falles gesetzlich zulässig ist. Darin ist auch die Verpflichtung des Richters enthalten, jede vom Staatsanwalt beantragte Untersuchungshandlung vorzunehmen, die nicht gesetzlich unzulässig ist; über die Notwendigkeit der Angemessenheit hat der Richter nicht zu befinden. Ob die Inanspruchnahme des Amtsrichters erforderlich war, ist für die Frage, ob seine Handlung die Verjährung unterbrochen hat, ohne Bedeutung. Eine Handlung des Richters ist allerdings nicht schon dann gegen den Täter gerichtet, wenn sie sich nur auf ihn bezieht, aber nur eine für den inneren Dienst bestimmte, sachlich bedeutungslose Anordnung darstellt (z. B. Wiedervorlegung der Akten), sondern nur dann, wenn sie zur Förderung des Strafverfahrens und Aufklärung des Straffalles mit der Absicht der Verfolgung des Täters vorgenommen ist. Dieser Zweck muß im Einzelfall nach der Sachlage beurteilt werden; er kann auch in einer

Verfügung auf Wiedervorlegung der Akten zu erblicken sein, wenn diese bezweckte, den Fortgang des Verfahrens in kurzer Zeit sicherzustellen, oder in einer Verfügung auf Beiziehung anderer Strafakten, wenn diese bestimmt war, die richterliche Beschlußfassung über die Eröffnung des Hauptverfahrens vorzubereiten und damit die Erledigung der Sache zu fördern. Das traf für den vorliegenden Fall zu. Für Verfehlungen gegen das Preßgesetz gelten in dieser Hinsicht keine besonderen Vorschriften. (III, 15. Januar 1931.)

Amtl. Sammlg. S. 82—85.

Vgl. Bd. 12 S. 436; Bd. 21 S. 308; Bd. 41 S. 356; Bd. 56 S. 380; Bd. 62 S. 425.

33. Posthilfsstelleninhaber. Beamter. (StGB. §§ 350, 351, 354, 359.) Ein Posthilfsstelleninhaber unterschlug Beträge, die auf Zahlkarten bei ihm eingezahlt worden waren, trug den Eingang verspätet in das Annahmebuch ein und entzog die Zahlkarten zeitweise dem Postverkehr. Er wurde wegen Unterschlagung im Amte verurteilt; seine Revision wurde verworfen. Nach der Dienstanweisung für die Posthilfsstellen gehört die Annahme von Zahlkarten nicht zu den Verpflichtungen der Hilfsstelleninhaber; diese sind aber berechtigt, solche Zahlkarten zur Weitergabe an den Landbesteller anzunehmen und haben sie sogleich in das Annahmebuch einzutragen. Diese Vorschriften zielen darauf ab, die Postverwaltung von der Haftung für Verlust oder Veruntreuungen der bei den Posthilfsstellen aufgegebenen Geldsendungen zu befreien; aus der eingehenden amtlichen Regelung der Annahme solcher Sendungen ergibt sich aber, daß es sich dabei nicht nur um außerdienstliche Gefälligkeiten des Beamten gegenüber dem Publikum handelt. Die Aufgeber solcher Geldsendungen werden regelmäßig auch nicht gewillt sein, ihr Geld einem Beamten anzuvertrauen, für den die Verwaltung selbst die Haftung zu übernehmen ablehnt. Für den Tatbestand des § 350 StGB. ist es aber gar nicht wesentlich, daß die dem Beamten von den Einzahlern übergebenen Geldbeträge dadurch in das Eigentum des Staates gelangt sind oder daß dieser dafür haftet; es genügt vielmehr, daß der Beamte das Geld in seiner amtlichen Eigenschaft empfangen hat und daß es ihm in dieser Eigenschaft anvertraut ist. Das kann aber auch dann zutreffen, wenn der beiderseits erkennbar gemachte Vertragswille bei der Einzahlung dahin gerichtet gewesen ist, das Geld der öffentlichen Verwaltung im Bereich ihres Dienstbetriebs zu Händen ihres Beamten, gleichviel, ob dieser zur Annahme an sich zuständig oder verpflichtet war, zu übergeben oder anzuvertrauen. So lag die Sache hier. Die Dienstanweisung macht die Führung des Annahmebuchs zur Amtspflicht; die Eintragungen sollen Auskunft über die Einzahlungen und deren Verbleib geben. Der Post anvertraut ist eine Sendung in dem Augenblick, in dem sie durch Vermittlung einer von der Postverwaltung geschaffenen Einrichtung in die Verfügungsgewalt der Post gelangt ist. Bestellt die Post einen ihrer Beamten zur Entgegennahme solcher Sendungen und regelt sie deren Überleitung in den weiteren Postbetrieb, so stellt das eine amtliche Einrichtung dar, auch wenn die Dienstanweisung bestimmt, der Beamte sei zu der Annahme nicht verpflichtet und die Post übernehme dafür keine Haftung. Die tatsächliche Verfügungsgewalt der Post kommt hier (in viel höherem Maße als beim Einwurf in den Briefkasten) darin zum Ausdruck, daß die Post die Annahme der Sendungen durch ihren Beamten nicht nur billigt, sondern darüber hinaus die Sendungen durch ihn einer postalischen Behandlung unterziehen läßt, also tatsächlich darüber verfügt. Ob man diese Behandlung als eine Vorbereitung der Übergabe an den Landbesteller auffaßt, ist dabei ohne Belang; daß der dabei nicht auf Anweisung des Einzahlers, sondern gemäß der Dienstanweisung verfahrende Beamte als solcher handelt, also amtlich die Sendungen an den Landbesteller weiterleitet, kann nach den Bestimmungen der Dienstanweisung nicht bezweifelt werden. In der Tatsache, daß er amtlich verfügt, äußert sich die amtliche Verfügungsgewalt. (III, 15. Januar 1931.) Amtl. Sammlg. S. 85—89.

Vgl. Bd. 21 S. 52; Bd. 22 S. 394; Bd. 65 S. 38.

34. Depotunterschlagung. Kommissionär. Selbsteintritt. (DepG. § 9; HGB. § 400.) Ein Bankier führte Einkaufskommissionen, die ihm erteilt wurden, in der Weise aus, daß er den Selbsteintritt als Verkäufer erklärte, die Papiere bei einer Zentralbank bestellte, aber bei dieser beließ und sie ihr verpfändete. Seine Verurteilung wegen Verfehlung gegen § 9 Abs. 1 DepG. wurde vom Reichsgericht bestätigt. Die Vorschrift setzt allerdings für die Regel voraus, daß über fremde Wertpapiere verfügt wird. Sie ist aber auch anwendbar, wenn ein Einkaufskommissionsgeschäft durch Selbsteintritt ausgeführt worden ist. Ihr Grund liegt in der Eigenartigkeit des Kommissionsgeschäfts mit Wertpapieren; der Kunde ist hier in einem ganz besonders hohen Grad auf die Gewissenhaftigkeit und

Ehrlichkeit des Bankiers angewiesen, da ihm selbst der Überblick über den ordnungsmäßigen Gang des Geschäfts besonders erschwert wird. Die Sache liegt für den Kunden im Falle des Selbsteintritts des Kommissionärs nicht günstiger; ja, das Selbsteintrittsrecht des Kommissionärs erhöht die Unübersichtlichkeit der Sach- und Rechtslage und fordert daher einen erhöhten Schutz. Wie aber das Geschäft in bürgerlichrechtlicher Hinsicht auch nach Ausübung des Selbsteintrittsrechts noch unter dem Gesichtspunkt der Kommission steht und die dem Kommissionär obliegende Treupflicht weiterwirkt, so kann auch der strafrechtliche Schutz des Kommittenten nicht grundsätzlich mit der Erklärung des Selbsteintritts sein Ende finden. Die Zulassung des Selbsteintritts des Kommissionärs beruht eben auf der Vorstellung, daß der Kommittent bei ihm wirtschaftlich nicht ungünstiger gestellt sei als bei der der Kommission eigentlich gemäßen Ausführungsweise. Es mag im Einzelfall Schwierigkeit machen, nachzuweisen, ob der Kommissionär die Wertpapiere aus Anlaß und zur Durchführung eines bestimmten Auftrags angeschafft hat mit dem Willen, den wirtschaftlichen Erfolg des Geschäfts einem bestimmten Kommittenten zuzuwenden. Eine Beweisführung dieser Art mag vielleicht da sogar unmöglich sein, wo der Kommissionär größere oder runde Posten beim Zentralbankier anschafft, um damit in seinem umfangreichen Geschäftsbetrieb die Anschaffungswünsche seiner Kunden zu befriedigen. Wo aber der wirtschaftliche Zusammenhang zwischen der einzelnen Kommission und dem Deckungsgeschäft nachweisbar ist, besteht kein Hindernis gegen die Anwendung der Vorschrift des § 9 Abs. 1. Der Angeklagte hätte, um nicht in eine Gefahr der Bestrafung zu geraten, nur dafür zu sorgen gehabt, daß die von ihm auf dem Weg über die Zentralbank angeschafften Wertpapiere dort auf dem Depotkonto B geführt wurden; er durfte sich aber nicht der nach unbefangener Auffassung des Verkehrslebens dem Kunden gehörenden Papiere als einer Grundlage für den Kredit bedienen, den er bei der Zentralbank in Anspruch nahm. (I, 20. Januar 1931.)

Amtl. Sammlg. S. 90—95.

Vgl. Bd. 47 S. 36; Bd. 61 S. 336.

35. Fahrlässige Körperverletzung. Berufs- oder Gewerbepflicht. (StGB. §§ 230, 232.) Der Vertreter einer Getreidehandlung bediente sich zum Besuch der Kunden eines ihm von seiner Firma zur Verfügung gestellten Kraftwagens. Bei einer der Fahrten stieß er mit einem Motorradfahrer zusammen;

dieser wurde erheblich verletzt. Das Schöffengericht sprach ihn von der Anklage der fahrlässigen Körperverletzung frei, weil ein Strafantrag nicht vorlag und eine Verletzung einer Berufs- oder Gewerbepflicht nicht für nachgewiesen erachtet wurde. Das Reichsgericht verwies die Sache zurück. § 230 Abs. 2 StGB. beruht auf der Auffassung, daß das Amt, der Beruf und das Gewerbe eine gewisse Erfahrung, Übung und Vorbildung, damit aber auch eine bessere Einsicht in die mit der Berufs- und Gewerbeausübung für andere verbundenen Gefahren mit sich bringen und deshalb auch eine besondere Pflicht zur Aufmerksamkeit begründen. Dabei macht es keinen Unterschied, ob im Rahmen des Gewerbebetriebs die Tätigkeit die hauptsächliche oder nur eine Hilfs- oder Nebenverrichtung darstellt, weil auch eine solche einen Teil der Gewerbeausübung bildet. Von einer Gefahrerhöhung durch Berufs- oder Gewerbeausübung geht die Vorschrift nicht aus; im Gegenteil wird die Tatsache, daß eine Verrichtung von einer durch Amt, Beruf oder Gewerbe dazu bestimmten Person vorgenommen wird, wegen der solchen Personen zuzutrauenden und vom Gesetz schlechthin unterstellten höheren Sachkunde und Sorgfalt das Gefahrenmoment herabmindern. Die weitere Forderung des Schöffengerichts, daß die Verrichtung des Täters in den Kreis der Amts-, Berufs- oder Gewerbepflicht fallen müsse, enthielt einen Gedankenzirkel. Wer seinen Beruf oder sein Gewerbe unter Zuhilfenahme gewisser Verrichtungen (z. B. maschineller Betätigung) ausübt, zieht dadurch diese Verrichtungen in den Kreis des Berufs oder Gewerbes und es ist nicht erfindlich, wie für diesen Teil der Berufs- oder Gewerbeausübung die höhere strafrechtliche Haftung geleugnet werden könnte. (III, 22. Januar 1931.) Amtl. Sammlg. S. 95—97.

Vgl. Bd. 61 S. 299; Bd. 62 S. 122; Bd. 66 S. 430.

36. Fahrlässige Körperverletzung. Berufs- oder Gewerbepflicht. (StGB. § 230.) Ein Kaufmann, der als Vertreter einer Firma Lieferanten und Kunden in seinem Kraftwagen aufsuchte, unternahm nach seinem Ausscheiden aus dieser Stellung eine Fahrt mit dem Kraftwagen, um sich an einem anderen Ort eine neue Stelle zu suchen. Auf dieser Fahrt verletzte er jemand. Er wurde wegen erschwerter fahrlässiger Körperverletzung verurteilt, weil er zu der Aufmerksamkeit, die er aus den Augen setzte, vermöge seines Berufs besonders verpflichtet gewesen sei. Das Reichsgericht hob das Urteil auf. Die besondere Berufs- oder Gewerbepflicht ist an das Bestehen des Berufs oder Gewerbes gebunden, da das Gesetz allein auf Grund dessen kraft unwiderleglicher Vermutung die höhere Sachkunde, Einsicht und Erfahrung unterstellt und aus ihr die besondere Sorgfaltspflicht ableitet. Wenn der Angeklagte, solange er in Stellung war, mit seinem Kraftwagen Lieferanten und Geschäftskunden zum Abschluß von Geschäften aufsuchte, war in dem Führen des Kraftwagens eine Hilfs- oder Nebenverrichtung gelegen, die in den Rahmen dieser Gewerbeausübung fiel, auch wenn die Fahrt im Einzelfall außerhalb der Gewerbeausübung ausgeführt wurde. Mit dem Ausscheiden aus der Stellung hatte aber die gewerbliche Tätigkeit des Angeklagten ihr Ende gefunden. Auch wenn der Angeklagte zur Zeit der Tat noch Kaufmann von Beruf war, hätte die Verletzung einer Berufspflicht nur dann in Frage kommen können, wenn die Führung eines Kraftwagens allgemein eine Hilfs- oder Nebenverrichtung seines Berufs als Kaufmann gewesen wäre. (III, 19. Januar 1931.) Amtl. Sammlg. S. 97—99.

Vgl. Bd. 59 S. 269; Bd. 62 S. 122.

37. Betrug. Nichtiger Vertrag. Arglisteinrede. Straflose Nachtat. (StGB. § 263; BGB. §§ 134, 667, 687, 817, 818.) Einer Frau wurde vom Wohnungsamt eine Vordringlichkeitsbescheinigung zum Zwecke der Erlangung einer Wohnung ausgestellt. Sie trat diese Bescheinigung durch einen Vermittler an einen anderen Wohnungsuchenden ab. Der Vermittler erhielt hiefür 200 Reichsmark, gab aber der Frau einen geringeren Betrag an und behielt den Überschuß für sich. Er wurde wegen Betrugs verurteilt. Das Reichsgericht verwies die Sache zurück. Die Revision hatte ausgeführt, daß der Angeklagte höchstens wegen Unterschlagung bestraft werden könne; sein weiteres Verhalten könne nur als straflose Nachtat angesehen werden. Dem gegenüber erklärt das Reichsgericht, daß die Strafbarkeit des vorgängigen Verhaltens des Angeklagten die Möglichkeit einer Verurteilung wegen Betrugs nicht ausschließe, wenn er in der Frau einen Irrtum erregt und sie dadurch zum Abstehen von der Verfolgung von Ansprüchen gegen ihn veranlaßt hätte. Voraussetzung hiefür wäre aber, daß diese Ansprüche rechtlichen Bestand hatten; nur in diesem Falle bedeutete ihre Nichtverfolgung eine Vermögensschädigung der Frau. Diese Voraussetzung war nicht gegeben. Die zwischen dem Angeklagten und der Frau getroffene vertragliche Abrede bezweckte eine Umgehung der Vorschriften des Wohnungsmangelgesetzes und war demzufolge nichtig; aus ihr entstand also für die Frau kein

Anspruch. Ein solcher ließ sich auch nicht aus den Vorschriften über den Auftrag herleiten. Der über das Wohnungsrecht ausgestellte Ausweis verkörperte kein Vermögensrecht der Frau; er war nur ein Zubehör des ihr eingeräumten höchst persönlichen Rechts und konnte darum nicht abgetreten werden. Der Erwerber erlangte aus ihm kein Recht und demgemäß entstand für ihn auch keine Verpflichtung. Die Frau konnte nur auf Grund der Vorschriften über die ungerechtfertigte Bereicherung von dem Angeklagten zurückverlangen, was sie ihm zur Verwertung für sie übergeben hatte; das war aber nur der Besitz an der ihr ausgestellten Vordringlichkeitsbescheinigung, nicht das Recht auf eine Wohnung selbst, da dieses als höchstpersönliches Recht nicht übertragbar war. Endlich ließ sich ein Anspruch der Frau auch nicht aus den Vorschriften über unerlaubte Handlungen herleiten; selbst wenn der Angeklagte die Bescheinigung in einer strafbaren oder gegen die guten Sitten verstoßenden Weise aus der Frau herausgelockt haben sollte, würde der dadurch verursachte Schaden nicht die 200 Reichsmark berühren, die der Angeklagte dafür erhalten hatte. Zu prüfen war, ob der Angeklagte sich nicht anderweit eines Betrugs oder Betrugsversuchs schuldig gemacht hatte. (III, 26. Januar 1931.)

Amtl. Sammlg. S. 99—102.

Vgl. Bd. 24 S. 408; Bd. 67 S. 321; Bd. 96 S. 282.

38. Amtsunterschlagung. Urkundenfälschung. Tateinheit. Gesetzeseinheit. Beihilfe zum Amtsverbrechen. (StGB. §§ 49, 50, 73, 74, 348, 349, 350, 351.) Ein Postbeamter unterschlug Fernsprechgebühren und führte die zur Kontrolle der Einnahmen bestimmten Listen unrichtig. Er wurde wegen schwerer Amtsunterschlagung (§§ 350, 351) in Tateinheit mit Urkundenfälschung im Amte (§§ 348, 349) verurteilt. Seine Revision hatte keinen Erfolg. § 351 hat keine selbständige Bedeutung, zählt vielmehr nur Umstände auf, die, wenn sie zum Tatbestand der Amtsunterschlagung (§ 350) hinzutreten, deren schärfere Bestrafung zur Folge haben. Beide Strafandrohungen, deren eine die andere voraussetzt und ergänzt, bilden zusammen nur die nach Strafbarkeitsmerkmalen verschieden gestufte Straffestsetzung für eine Zuwiderhandlung gegen das eine Verbot der Amtsunterschlagung; die Rechtsnatur dieser Straftat wird durch den Hinzutritt der erschwerenden Umstände nicht berührt. Anderseits wird durch § 351 nicht ein selbständiges, in das Gebiet der Urkundenfälschung fallendes Amtsverbrechen unter Strafe gestellt. Verstößt ein Beamter, um unbemerkt amtlich empfangene

Gelder unterschlagen zu können, gegen § 348, so steht diese Straftat der Amtsunterschlagung durchaus selbständig gegenüber. Daran ändert auch der Umstand nichts, daß die Urkundenfälschung planmäßig zu dem Zweck begangen wird, entweder im Anschluß daran die Unterschlagung ausführen zu können oder die schon erfolgte Unterschlagung zu verschleiern. Beide Willensbetätigungen fallen zeitlich auseinander; in keinem Punkt des gesamten Verhaltens decken sich die Tatbestände der beiden Straftaten. Daher liegt regelmäßig Tatmehrheit vor. Enthält die Urkundenfälschung im Einzelfall zugleich einen der im § 351 erwähnten Umstände, so wird ausnahmsweise zwischen ihr und der Amtsunterschlagung durch den als Bindeglied dienenden § 351 Tateinheit hergestellt. Gesetzeseinheit kommt nicht in Frage. — Zwei Kollegen des Angeklagten hatten ihm bei der Begehung der Unterschlagungen Hilfe geleistet. Sie wurden wegen Beihilfe zur Amtsunterschlagung (§§ 49, 350, 351) verurteilt. Ihre Revisionen hatten Erfolg. Die Anwendung dieser Vorschriften wäre dann gerechtfertigt, wenn die schwere Amtsunterschlagung unter die eigentlichen (reinen) Amtsverbrechen fiele; das ist aber nicht der Fall; denn die Beamteneigenschaft und die amtlichen Beziehungen des Täters zum Gegenstand der Unterschlagung sind nicht strafbegründende, sondern straferhöhende Umstände. Gemäß § 50 dürfen somit die Umstände, durch deren Hinzutreten das Vergehen des § 246 zum Amtsvergehen des § 350 wird, nur dem Täter oder Teilnehmer zugerechnet werden, bei dem sie vorliegen. Das war bei den beiden Beschwerdeführern nicht der Fall. Daß sie Beamte waren, genügte nicht, denn auch die Unterschlagung eines Beamten ist, wenn eine amtliche Beziehung zum Gegenstand der Tat fehlt, nur nach § 246 strafbar. Ebensowenig kam es darauf an, daß den Beschwerdeführern die Beihilfeleistungen infolge ihrer dienstlichen Stellung möglich oder doch erleichtert wurde. Da § 350 auf sie nicht anwendbar war, kam auch die Anwendung des § 351 nicht in Frage, da diese Vorschrift keine selbständige Bedeutung hat. (III, 26. Januar 1931.)

Amtl. Sammlg. S. 102—106.

Vgl. Bd. 6 S. 294; Bd. 10 S. 123; Bd. 55 S. 181; Bd. 56 S. 58; Bd. 59 S. 339.

39. Betrug. Offenbarungspflicht. Vermögensschädigung. Auslieferung. Spezialität. Gleichheit der Tat. (StGB. § 263; BGB. §§ 656, 762; StPO. § 264.) S. und F. wollten gemeinsam ein Geschäft ausführen und zu diesem Zweck bei einer

Sparkasse einen Kredit von 30000 Reichsmark eröffnen lassen. Die Sparkasse war hiezu nur gegen Bestellung einer Sicherheitshypothek bereit. Diese wurde von A. bestellt, dem F. zugesichert hatte, daß er ihn für Verluste schadlos halten werde. Darauf räumte die Bank dem S. den Kredit ein. Dieser verwendete 10000 Reichsmark nicht nur für das gemeinsame Geschäft, sondern zur Zahlung eines seiner Gläubiger. Er wurde wegen Betrugs verurteilt. Seine Revision wurde verworfen. Es unterliegt keinem rechtlichen Bedenken, eine Rechtspflicht zur Offenbarung anzunehmen, wenn zwei an einem gemeinschaftlichen Unternehmen beteiligte Personen die Frage der Bereitstellung von Mitteln für den gemeinschaftlichen Geschäftsbetrieb erörtern und der eine Teil beabsichtigt, die ihm auf Grund der Vereinbarung tatsächlich gegebene Möglichkeit einer Verfügung über die bereitgestellten Beträge für seine eigenen, persönlichen Zwecke auszunutzen. Die Verletzung dieser Pflicht bedeutet die Unterdrückung einer wahren, inneren Tatsache. Es kann aber auch das Vorspiegeln einer falschen Tatsache darin gefunden werden, wenn der Angeklagte erkannte, daß der andere Teil eine gewisse, nach der Sachlage naheliegende, wenn nicht selbstverständliche Vorstellung über die Art der Verwendung der bereitgestellten Mittel hatte, der Angeklagte aber einen hievon abweichenden und daher vertragswidrigen Gebrauch des Geldes plante; denn durch das Verhandeln mit dem Vertragsgegner, dessen Vorstellung er erkannt hatte, ging er tatsächlich in einer Weise auf den Gedankengang des anderen ein, daß dieser durch das eine stillschweigende Erklärung enthaltende Verhalten getäuscht wurde. Da F. dem A. das Versprechen, ihn schadlos zu halten, nur mündlich abgegeben hatte, also rechtlich nicht verpflichtet war, es zu erfüllen, war als Geschädigter A. anzusehen. Das schloß die Verurteilung wegen Betrugs auch dann nicht aus, wenn der Angeklagte angenommen hatte, daß A. durch eine rechtsgültige Bürgschaft des F. gedeckt und daß dieser für die Erfüllung des Versprechens auch wirtschaftlich sicher sei; jedenfalls wurde durch das betrügerische Vorgehen des Angeklagten ein anderer im Vermögen geschädigt und es war gleichgültig, ob sich der Täter über die Person dessen klar war, den schließlich der Verlust traf. — Der Angeklagte hatte sich nach den Niederlanden geflüchtet und war von dort ausgeliefert worden; im Haftbefehl, der der Auslieferung zugrunde lag, war nicht ein Betrug zum Nachteil des A., sondern zum Nachteil des F. angenommen. Das stand der Verurteilung nicht entgegen. Der Deutsch-Niederländische Auslieferungsvertrag stellt den Grundsatz der Spezialität auf; der Angeklagte durfte also nicht wegen einer anderen strafbaren Handlung abgeurteilt werden, als wegen jener, wegen der die Auslieferung bewirkt worden war. Die Frage, ob dieselbe Tat vorliegt, ist so zu beantworten, wie das im § 264 StPO. bestimmt ist; nur die Einschränkung besteht, daß auch nach dem durch die Verhandlung dargetanen anderen Sachverhalt und der darnach gegebenen anderen rechtlichen Beurteilung eine strafbare Handlung vorliegen muß, bezüglich deren gleichfalls die Auslieferung hätte beantragt und bewilligt werden können und daß die Tat auch in der veränderten Gestalt, die sie auf Grund der Hauptverhandlung aufweist, den Tatbestand begründet, den das ausländische Recht für die Bestrafung voraussetzt. Alle diese Voraussetzungen trafen zu; es machte demgemäß nichts aus, daß die Tat des Angeklagten abweichend vom Haftbefehl und vom Eröffnungsbeschluß festgestellt worden war. (I, 30. Januar 1931.)

Amtl. Sammlg. S. 106—112.

Vgl. Bd. 21 S. 180; Bd. 28 S. 386; Bd. 29 S. 64; Bd. 30 S. 445; Bd. 31 S. 430; Bd. 33 S. 271, 387; Bd. 35 S. 257.

40. Öffentlichkeit. Eisenbahnwagen. (RepSchG. § 5.) Eine beschimpfende Äußerung über die Reichsfarben wurde gebraucht, während der Täter mit zwei Bekannten in einem geschlossenen Abteil eines Eisenbahnwagens fuhr; außer ihm und seinen Begleitern war nur noch ein ihnen unbekannter Mann anwesend. Damit war das Tatbestandsmerkmal der Öffentlichkeit nicht erfüllt. Nicht die Öffentlichkeit des Ortes der Äußerung ist maßgebend, vielmehr ist der Nachweis, daß die Art der Äußerung ihre Wahrnehmbarkeit für einen größeren, durch persönliche Beziehungen nicht zusammenhängenden Personenkreis begründet hat, für die Annahme der Öffentlichkeit erforderlich und ausreichend. Die Wahrnehmbarkeit für unbestimmt welche und wieviele Personen muß wirklich sein; es genügt nicht, wenn der Ort der Handlung die Möglichkeit gewährt, daß die Wahrnehmbarkeit, die nach der wirklichen Lage zur Zeit der Äußerung auf mehrere unter sich durch persönliche Beziehungen verbundene und darüber hinaus etwa noch auf eine oder wenige außerhalb dieses Kreises stehende Personen beschränkt ist, eine Erweiterung durch eine Änderung des Kreises, besonders durch Hinzutreten anderer Personen erfährt. Für Äußerungen, die in der Eisenbahn erfolgen, sind folgende Richtlinien aufgestellt worden: Werden beschimpfende Äußerungen in einem Abteil eines fahrenden Eisenbahnwagens so laut getan, daß sie nicht nur von mehreren in diesem Abteil sitzenden, mit dem Täter nicht zusammengehörigen Personen, sondern auch von den Insassen des Nebenabteils verstanden werden können, so ist die Annahme der Öffentlichkeit gerechtfertigt. Dasselbe gilt, wenn die Äußerung des Täters im Gespräch mit einem oder mehreren Mitreisenden eines vollbesetzten Abteils eines fahrenden Eisenbahnwagens auch für die übrigen Insassen, also für einen nicht ganz kleinen Kreis von Personen, vernehmlich ist, die nicht ein inneres Band verknüpft, sondern nur der Zufall der gleichzeitigen Benutzung eines der Allgemeinheit zugänglichen Verkehrsmittels zusammengeführt hat. Wird eine Handlung nicht in dem abgeschlossenen Abteil eines fahrenden Eisenbahnwagens, sondern in einem ungeteilten Wagen begangen, wo die Mitfahrenden ihre Plätze ständig wechseln können und, solange der Zug fährt, von der Plattform in den Wagen und von diesem auf die Plattform hin- und hergehen, so ist die Handlung, wenn sie von einer unbestimmten größeren Zahl von Menschen wahrgenommen werden könnte, für öffentlich ausgeführt zu erachten. Für die Frage, ob eine Äußerung auf der Plattform eines Straßenbahnwagens öffentlich geschehen ist, kommt es nicht auf die Möglichkeit einer Erweiterung des Kreises der Hörer durch den Hinzutritt neuer Fahrgäste, sondern auf den Mangel persönlicher Bestimmtheit und wechselseitiger Beziehungen der Personen an, die sich zur Zeit der Tat auf der Plattform befunden haben und demzufolge allein die Äußerung verstehen konnten. Hiernach war im vorliegenden Fall das Merkmal der Öffentlichkeit nicht gegeben. Der Umstand, daß jeden Augenblick andere Personen, seien es Eisenbahnbeamte oder Mitreisende, in das Abteil kommen konnten, reichte hiefür nicht aus. (II, 2. Februar 1931.)

Amtl. Sammlg. S. 112—114.

Vgl. Bd. 57 S. 343; Bd. 58 S. 53.

41. Tabaksteuer. Steuerzeichen. Verbrauchsabgabe. Hinterziehungsvermutung. (TabStG. 1919/25 §§ 9, 11, 66, 70, 77; TabStG. 1929 §§ 10, 56, 28, 69, 67 a, 70, 93, 103; RAbgO. §§ 359, 367, 369 a, 1383.) Ein Tabakfabrikant erwarb Steuerzeichen nicht vom Hauptzollamt, sondern von einem Bekannten, und verwendete sie in seinem Geschäft. Die Steuerzeichen waren unecht; das war dem Erwerber nicht bekannt. Er wurde auf Grund des § 67 a TabStG. verurteilt. Seine Revision führte zur Zurückverweisung der Sache. § 67 a wendet sich nur gegen den, der echte Steuerzeichen unbefugt sich verschafft, feilhält oder in Verkehr bringt; auf unechte Steuerzeichen ist § 369 RAbgO. anwendbar. Es lag also nur ein Versuch des Angeklagten vor, sich echte Steuerzeichen zu verschaffen; dieser ist nicht strafbar. Ebensowenig konnte § 369 RAbgO. in Anwendung kommen, da der Angeklagte die Steuerzeichen für echt gehalten hatte. Der Angeklagte hatte aber dadurch, daß er tabaksteuerpflichtige Zigaretten, die er mit unechten Steuerzeichen versehen hatte, in Verkehr brachte, den Vermutungstatbestand des § 58 Nr. 5 erfüllt; er konnte sich von Strafe nur dadurch befreien, daß er nach § 70 den Entlastungsbeweis des mangelnden Hinterziehungsvorsatzes führte. Dieser war nicht erbracht, da der Angeklagte die Steuerzeichen nicht auf dem vorgeschriebenen Weg erworben hatte. Steuerzeichen, die der Hersteller von Tabakerzeugnissen von anderer Seite als der zuständigen Ausgabestelle bezogen hat, sind keine Steuerzeichen, die geeignet wären, zur Entrichtung der Steuer verwendet zu werden. In den Ausführungsbestimmungen zum Tabaksteuergesetz (§ 21) ist ausdrücklich vorgeschrieben, daß der Bedarf an Steuerzeichen nur von der Vertriebstelle bezogen werden darf, in deren Bezirk der Herstellungsbetrieb oder das Lager sich befindet; hierdurch soll in Verbindung mit den eingehenden Buchführungsvorschriften erreicht werden, daß die Überwachungsstellen jederzeit in der Lage sind, festzustellen, welche Arten und Mengen von Steuerzeichen der Steuerpflichtige erlaubterweise bezogen hat und zur Entrichtung der Steuer verwenden konnte. Im neuen Verfahren war zu prüfen, wie weit die Vorschriften des Tabaksteuergesetzes in der Fassung vom 22. Dezember 1929 milder waren als die entsprechenden Vorschriften der früheren Fassung. Hiezu bemerkte das Reichsgericht: a) § 369 a RAbgO., der an die Stelle von § 66 TabStG. getreten ist, droht zwar die gleiche Freiheitsstrafe an wie diese Vorschrift, ist aber insoferne das mildere Gesetz, als er nicht die Aberkennung der bürgerlichen Ehrenrechte vorsieht. Dagegen geht er in seinem Tatbestand über den § 66 TabStG. hinaus, indem er auch den bestraft, der sich falsche Steuerzeichen verschafft, um sie als echte zu verwenden. Hiernach entfiel die Anwendung des § 369 a RAbgO. b) Bei Hinterziehung von Tabaksteuer ist nach § 359 RAbgO. neben Geldstrafe auch Gefängnisstrafe zulässig, während nach § 56 TabStG. ausschließlich Geldstrafe, wenn auch stets in der Höhe des Vierfachen des hinterzogenen Betrages, angedroht ist. § 56 ist also das

mildere Gesetz. c) § 70 TabStG. ist weggefallen, ohne daß bestimmt worden wäre, wie es sich fortan mit der Widerlegbarkeit der aufrecht erhaltenen Vermutungstatbestände der §§ 58, 59 TabStG. verhalten soll. Maßgebend ist nun § 359 RAbgO. Hienach ist die Widerlegung der Hinterziehungsvermutung in derselben Weise wie bisher zulässig. Wird jedoch der Hinterziehungsvorsatz widerlegt, so bleibt nunmehr nicht nur für die Verhängung einer Ordnungsstrafe Raum, sondern es kann unter Umständen auch eine Verurteilung wegen Steuergefährdung (fahrlässig bewirkter Steuerverkürzung) ausgesprochen werden. Im vorliegenden Fall war das nicht zulässig, da das zur Zeit der Tat geltende Gesetz die Steuergefährdung nicht kannte. d) Im Fall einer Tateinheit zwischen Steuerhinterziehung und Ordnungswidrigkeit mit wissentlicher Verwendung von Steuerzeichen war § 383 RAbgO. anzuwenden, da § 77 TabStG. den Angeklagten bezüglich der Mindeststrafe schlechter stellen konnte. — Der Angeklagte hatte in seiner Tabakfabrik 48 Kilogramm Rohtabak eingespart und diesen Tabak unangemeldet zu Zigaretten verarbeitet. Die hinterzogene Materialsteuer betrug 192 Reichsmark. Das Landgericht hatte hiewegen eine Geldstrafe von 200 Reichsmark ausgesprochen. Das Hauptzollamt legte Revision ein mit der Begründung, daß die Materialsteuer als eine auf die Zigaretten gelegte Verbrauchssteuer anzusehen sei und daß darum der vierfache Betrag der hinterzogenen Steuer hätte ausgesprochen werden müssen. Dieser Auffassung trat das Reichsgericht bei. Im Sinne der Reichsabgabenordnung fallen unter die Verbrauchsabgaben alle Einnahmen, die das Reich aus der Besteuerung der ihm zu diesem Zweck zugewiesenen Verbrauchsgegenstände zieht, ohne daß es dabei weiter auf die Art der Besteuerung, also z. B. darauf ankommt, ob die Abgabe auf die Fertiggegenstände gelegt ist und erst bei ihrem Übergang in den inländischen Verkehr, namentlich bei der Überlassung an den Verbraucher, erhoben wird oder ob sie schon die Rohstoffe ergreift, die zur Herstellung jener Verbrauchsgegenstände bestimmt sind. Durch § 103 TabStG. in seiner neuen Fassung ist das völlig klargestellt. (II, 26. Januar 1931.) Amtl. Sammlg. S. 115—125.
Vgl. Bd. 62 S. 175; Bd. 64 S. 328; RFH. Bd. 19 S. 269; Bd. 21 S. 83; Bd. 26 S. 268.

42. Fahrlässige Körperverletzung. Berufspflicht. Tateinheit. Rechtskraft. Nebenklage. (StGB. §§ 73, 222, 230; StPO. §§ 374, 395, 403.) Ein Kraftwagen stieß mit einem Kraftrad zusammen; der Lenker des Kraftrades wurde getötet, eine darauf sitzende Frau schwer verletzt. Gegen den Fahrer des Kraftwagens wurde Anklage wegen fahrlässiger Tötung in Tateinheit mit fahrlässiger Körperverletzung erhoben. Die verletzte Frau schloß sich dem Verfahren als Nebenkläger an. Das Schöffengericht erkannte auf Freisprechung. Die Nebenklägerin legte Berufung ein. Das Landgericht verwarf diese als unzulässig, weil die Nebenklägerin erklärt hatte, daß sie eine Buße nicht beantragen wolle, ein solcher Antrag auch bis zur Verkündung des Urteils im ersten Rechtszug hätte gestellt werden müssen; eine Verfolgung der Tat im Wege der Privatklage sei nicht zulässig, da der Angeklagte der fahrlässigen Körperverletzung unter Außerachtlassung seiner Berufspflicht beschuldigt sei. Auf die Beschwerde der Nebenklägerin wurde dieser Beschluß aufgehoben. Das Landgericht erkannte nunmehr hinsichtlich der fahrlässigen Körperverletzung auf Einstellung des Verfahrens mit der Begründung, daß eine Verletzung der Berufspflicht nicht nachgewiesen sei und somit die Bestrafung von der rechtzeitigen Stellung eines Strafantrags abhänge; über die fahrlässige Tötung sprach es sich nicht aus. Auf die Revision der Nebenklägerin verwies das Reichsgericht die Sache zurück. Das Landgericht hatte die Frage, ob der Angeklagte den Wagen in Ausübung seines Berufs geführt habe, mit der Begründung verneint, daß dieser den Wagen angeschafft habe, um ihn zu seinem Vergnügen zu benützen. Das war unerheblich; wesentlich war, wie er ihn benutzt hatte. Daß der Angeklagte Bücherrevisor war und einen Bürobetrieb unterhielt, schloß keineswegs aus, daß er den Wagen zu Berufszwecken benützte. Hiefür war nicht erforderlich, daß die in Betracht kommende Tätigkeit die hauptsächliche im Rahmen der gesamten Berufsausübung ist; es genügt, wenn sie eine Hilfs- oder Nebenverrichtung ist, da auch eine solche einen Teil der Berufsausübung bildet. Das kann bei einem Bücherrevisor der Fall sein, wenn er mit dem Wagen die Fahrten zu den Stellen, an denen er beruflich tätig zu sein hat, ausführt. Einen Anhaltspunkt konnte die steuerliche Behandlung der Anschaffungskosten des Wagens geben. Hatte der Angeklagte sie als Geschäftsunkosten verbucht oder als Werbungskosten für seine Berufseinnahmen behandelt, so sprach das dafür, daß die Fahrten mit dem Wagen gewerbliche Nebenverrichtungen waren. Fielen sie aber hienach in den Kreis der Berufsausübung, so war es unerheblich, zu welchem Zweck der Angeklagte die Fahrt unternommen hatte, auf der sich der

Zusammenstoß ereignete. Das Urteil mußte aber schon darum aufgehoben werden, weil das Landgericht sich mit der Entscheidung des Schöffengerichts hinsichtlich der fahrlässigen Tötung überhaupt nicht befaßt hatte; es hatte anscheinend angenommen, daß das Urteil insoweit in Rechtskraft erwachsen sei. Eine solche Teilung ist, wenn Tateinheit vorliegt, unmöglich; die Schuldfrage kann in einem solchen Fall nur einheitlich beurteilt werden. Da die Berufung nicht beschränkt war, mußte das Landgericht die ganze Tat prüfen. Die Berufung war rechtswirksam, da die Nebenklägerin berechtigt war, eine Buße zu verlangen und darum eine Nebenklage erheben konnte, gleichviel, ob sie eine Buße beanspruchte oder nicht. Auch der Umstand, daß sie nicht rechtzeitig Strafantrag gestellt hatte, stand dem nicht im Wege; im vorliegenden Fall war zudem Anklage wegen fahrlässiger Körperverletzung unter Verletzung einer Berufspflicht erhoben, wofür ein Strafantrag nicht notwendig ist. Da sich die Würdigung auf den ganzen Tatbestand erstreckte, konnte die Berufung der Angeklagten auch zu einer Verurteilung wegen fahrlässiger Tötung führen. Eine Doppelentscheidung, wie sie das Landgericht gefällt hatte, war unzulässig. Kam das Landgericht im neuen Verfahren dazu, daß der Angeklagte einen Unfall fahrlässig verursacht hatte, aber nicht als Berufsfahrer anzusehen war, so schied die fahrlässige Körperverletzung mangels eines rechtzeitigen Strafantrags aus und es war nur wegen fahrlässiger Tötung zu verurteilen; wurde die Fahrlässigkeit verneint, so ergab sich daraus die Freisprechung des Angeklagten. (I, 10. Februar 1931.)

Amtl. Sammlg. S. 125—133.

Vgl. Bd. 5 S. 336; Bd. 11 S. 90; Bd. 41 S. 175; Bd. 46 S. 363, 366; Bd. 59 S. 269; Bd. 61 S. 300, 350; Bd. 62 S. 122; Bd. 64 S. 430; Bd. 65 S. 60, 95.

43. Feuermelder. Unbefugte Inbetriebsetzung. Siegelbruch. Sachbeschädigung. Telegraphenbeschädigung. Tateinheit. Gesetzeseinheit. (StGB. §§ 136, 304, 317.) Ein Feuermelder, der zur telegraphischen Alarmierung der gesamten Feuerwehr diente, wurde ohne Grund in Betrieb gesetzt. Hierdurch wurde ein Faden zum Zerreißen gebracht, der den Handgriff im Ruhezustand mit dem Gehäuse des Feuermelders verband und durch eine mit dem Wappen der Stadt versehene Bleiplombe gesichert war. Durch die Betätigung der Alarmvorrichtung wurde der Feuermelder solange außer Betrieb gesetzt, bis er durch das Aufziehen des Werkes wieder gebrauchsfertig gemacht worden war. Es erfolgte Verurteilung wegen Siegelbruchs und Beschädigung einer Telegraphenanlage. Das Reichsgericht billigte das Urteil in der ersten Richtung, nicht aber in der zweiten. Die Bleiplombe war ein Amtssiegel, das von der hiefür allgemein zuständigen Stadtgemeinde als sichtbares Zeichen ihrer amtlichen Herrschaft über den Feuermelder angelegt war, um ihn zu verschließen und so vor Mißbrauch zu schützen. Die Beschädigung einer Telegraphenanlage ist nur dann gegeben, wenn hiedurch der Betrieb verhindert oder gefährdet wird. Wenn im vorliegenden Fall der Feuermelder für den ferneren Gebrauch solange untauglich blieb, bis er wieder aufgezogen wurde, lag das in der Einrichtung der Meldeanlage selbst begründet und war gerade eine Inbetriebsetzung der Anlage, nicht eine Verhinderung oder Gefährdung ihres Betriebs. Dagegen war die Tat auch als Sachbeschädigung zu beurteilen; indem der Angeklagte den mit der Plombe gesicherten Faden zerriß, beschädigte er den Feuermelder. Die Sicherung des Handgriffs durch den plombierten Faden war dazu bestimmt und geeignet, hemmend auf unbefugte Eingriffe zu wirken und so einer mißbräuchlichen Benutzung der Feuermelderanlage zu begegnen; damit diente sie unmittelbar dem öffentlichen Nutzen. Den Tatbeständen des Siegelbruchs und der Sachbeschädigung ist gemeinsam, daß eine körperliche Sache beschädigt wird; gleichwohl besteht zwischen den Strafvorschriften nicht Gesetzeseinheit, sondern Tateinheit. Keiner der beiden Tatbestände deckt den andern; sie überschneiden sich; der Tatbestand des § 136 erfordert als Gegenstand einen amtlichen Siegelverschluß, jener des § 304 einen Gegenstand, der zum öffentlichen Nutzen dient oder sonst eine dem § 136 fremde Wesenseigenschaft trägt. (III, 9. Februar 1931.)

Amtl. Sammlg. S. 133—135.

Vgl. Bd. 43 S. 31; Bd. 58 S. 346.

44. Fahrlässige Körperverletzung. Kraftfahrzeugverkehr. Übersichtliche Fahrbahn. Schrecksekunde. (StGB. § 222; KraftFahrzVO. § 18.) Ein Kraftwagen fuhr mit einer Geschwindigkeit von etwa 25 Kilometern durch eine Straße, an die sich umzäunte Hausgärten derart anschlossen, daß die Räume hinter den Zäunen vom Wagen aus nicht zu übersehen waren. Ein 13jähriges Mädchen lief aus einem dieser Gärten unerwartet auf die Straße und wurde überfahren. Der Fahrer des Kraftwagens wurde vom Schöffengericht freigesprochen mit der Begründung, man könne vom Kraftwagenführer nicht verlangen, daß er ein künftig eintretendes verkehrswidriges Verhalten des Straßenpublikums vermute und als Regel voraussetze. Diese Auffassung erklärte das Reichsgericht für rechtsirrig. Der Kraftwagenführer darf sich nach den Erfahrungen des Lebens nicht darauf verlassen, daß jeder Benutzer des Weges sich mit der bei dem zunehmenden Verkehr erwünschten Vorsicht bewegen werde; vielmehr muß berücksichtigt werden, daß es einem Wegbenutzer an den körperlichen und geistigen Voraussetzungen für ein sicheres und sachgemäßes Verhalten auf der Straße mangelt oder daß er im gegebenen Augenblick die gebotene und mögliche Sorgfalt aus den Augen setzt. Mängel des Verhaltens kommen namentlich bei Kindern vor. Wie weit sich ein Kraftwagenführer auf solche Unzulänglichkeiten im Verhalten anderer Wegbenutzer einrichten muß, läßt sich nicht allgemein sagen; es kommt auf die Lage des Einzelfalles an. Da bei der hier gegebenen Sachlage der Kraftwagenführer den ihm verdeckten Raum hinter dem Zaun nicht überblicken konnte, bestand überall die Möglichkeit, daß sich dort Menschen befanden und daß sie gerade in dem Augenblick, da er vorüberfuhr, auf die Straße heraustraten, vor allem, daß ein Kind auf die Straße lief. Der Kraftwagenführer muß nicht nur den von ihm befahrenen Straßenteil im Auge behalten, sondern die ganze Straßenbreite, auch die zur Straße gehörenden Bürgersteige und die Geländeteile rechts und links der Fahrbahn, und sich bewußt bleiben, daß von hier jederzeit ein Hindernis auf die Fahrbahn eintreten kann. Unbehindert ist der Überblick über die Fahrbahn nur dann, wenn der Fahrer beurteilen kann, ob die Fahrbahn auf der Strecke, die er sich anschickt zu befahren, von Hindernissen frei sein wird. Solange das nicht der Fall ist, darf er nicht mit einer Schnelligkeit fahren, die ihm nicht mehr ein so rasches und sicheres Anhalten erlaubt, wie es gegenüber dem als möglich anzunehmenden Hindernis geboten sein wird. Wirkliche oder vermeintliche Bedürfnisse des Verkehrs haben zurückzutreten hinter der Sicherheit des Menschenlebens auf der Straße; dem Kraftfahrverkehr kann nicht der Beruf oder die Befugnis zugestanden werden, den Straßenverkehr durch Gefährdung der körperlichen Sicherheit zu erziehen. Das Schöffengericht hatte dem Angeklagten eine Schrecksekunde zugebilligt und angenommen, daß hierdurch ein Teilbetrag seiner Bremsstrecke von ungefähr 5 Metern seine Rechtfertigung gefunden habe. Davon konnte aber schon deswegen keine Rede sein, weil die Fahrlässigkeit des Angeklagten schon begangen

war, als ihm das Mädchen in die Fahrbahn lief; nur gegenüber einem nicht zu vermutenden Ereignis hätte ihm ein Zeitraum zugestanden werden können, den er brauchte, um sich darauf einzustellen und das Geeignete vorzukehren. War die Übersicht über die Fahrbahn behindert, so mußte der Angeklagte imstande sein, den Wagen auf kürzeste Entfernung zum Stehen zu bringen. Für die Kürze der Entfernung, die hiernach gesichert sein muß, besteht keine feste, zahlenmäßige Grenze; es kommt auf die Umstände an, insbesondere darauf, auf welche Entfernung der Kraftfahrer ein Hindernis erblicken kann, das plötzlich in der Fahrbahn auftaucht. Wo unvermutet ein Mensch in die Fahrbahn treten kann, so daß er dem Fahrer erst unmittelbar vor dem Zusammentreffen ins Gesichtsfeld kommt, muß so langsam gefahren werden, daß auf der Stelle angehalten werden kann, wenn nicht ein den Unfall ebenso sicher verhütendes Ausbiegen nach der Seite möglich ist. Daß der Angeklagte wiederholt Warnungszeichen gab, schloß sein Verschulden nicht aus; ebensowenig die Feststellung, daß das Opfer des Unfalls ebenfalls fahrlässig gehandelt hatte. (I, 13. Februar 1931.)
Amtl. Sammlg. S. 135—144.

45. Amtsunterschlagung. Briefgeheimnis. Fangbrief. Versuch. Rücktritt. (StGB. §§ 43, 46, 348, 350, 354.) Ein Postbeamter war der Unterschlagung von Briefen verdächtig. Um ihn auf die Probe zu stellen, wurde ein Fangbrief in den Postsack gelegt, dessen Inhalt er als Begleiter der Bahnpost zu ordnen hatte. Er öffnete den Brief unterwegs, verschloß ihn aber wieder, da er erkannte, daß es sich um einen Fangbrief handelte, und lieferte ihn ordnungsgemäß ab. Gegen seine Verurteilung wegen Verletzung des Briefgeheimnisses wurde eingewendet, daß der Fangbrief keine der Post anvertraute Sendung gewesen sei. Dieser Einwand ging fehl. Briefe und Pakete haben als der Post anvertraut zu gelten, sobald sie durch Vermittlung einer von der Postverwaltung geschaffenen Einrichtung oder durch Vermittlung eines dazu berufenen Beamten oder Angestellten in die Verfügungsgewalt der Post gelangt sind. Das Bestehen eines wirksamen Beförderungsvertrags ist ebensowenig eine Voraussetzung der Beamtenpflicht zur Wahrung des Postgeheimnisses wie die Erfüllung der für die Behandlung von Postsendungen geltenden Vorschriften. Um das Postgeheimnis unter allen Umständen gegen eine Verletzung durch die Beamten der Post zu sichern, ist jede gesetzlich nicht vorgesehene Öffnung eines Briefes oder Pakets durch einen Postbeamten mit Strafe bedroht, ohne Rücksicht darauf, ob überhaupt dem Absender oder einem sonstigen Beteiligten an der Wahrung des Postgeheimnisses oder auch nur an der Beförderung der Sendung gelegen ist. Darum ist es unerheblich, ob die Sendung etwa gerade in der geheimen Erwartung in den Postverkehr gebracht worden ist, daß sie unbefugt eröffnet wird. Auch der Tatbestand der versuchten Amtsunterschlagung war in dem Vorgehen des Angeklagten zu finden. Das Wesen der Unterschlagung besteht darin, daß der Täter eine bereits in seinem Gewahrsam befindliche Sache sich aneignet, indem er die Sache in das eigene wirtschaftliche Vermögen bringt und seinen bisherigen Fremdbesitz in Eigenbesitz umwandelt. Eine bloße Wandlung im Willen des Gewahrsamsinhabers reicht hiefür nicht aus; der innere Willensvorgang muß in die äußere Erscheinung treten und durch ein Verhalten, besonders durch Handlungen betätigt werden, mit denen die Anmaßung von Eigenbesitz und damit die beabsichtigte Verwirklichung der Zueignung kundgegeben wird. Eine Unterschlagung ist daher als vollendet anzusehen, wenn die zum Zwecke der Zueignung unternommenen Handlungen oder Unterlassungen soweit gediehen sind, daß sie, insbesondere durch die Begründung von Eigenbesitz, zu der beabsichtigten Einverleibung der fremden Sache in das eigene wirtschaftliche Vermögen geführt haben. Das war hier nicht der Fall gewesen. Der Angeklagte hatte den Brief zwar geöffnet und die darin enthaltenen Geldscheine herausgenommen, sie aber sofort wieder hineingelegt und den Brief mit den übrigen Postsachen ordnungsgemäß weiterbefördert. Dagegen war der Tatbestand des Versuchs erfüllt. Der Angeklagte war entschlossen, sich anzueignen, was der Brief an Geld oder Geldwert enthalten würde; mit der Eröffnung des Briefes schritt er zur Ausführung des Vorhabens. Da es sich um einen unbeendigten Versuch handelte, konnte der Angeklagte durch freiwilligen Rücktritt Straffreiheit erlangen. Ein solcher lag aber nicht vor. Der Angeklagte hatte die beabsichtigte Unterschlagung nicht etwa deshalb aufgegeben, weil der Inhalt des Briefes seinen Erwartungen nicht entsprach, sondern deshalb, weil er erkannte, daß es sich um einen Fangbrief handelte. Sein Rücktritt war also nicht allein oder vornehmlich auf innere Regungen, insbesondere nicht auf die Furcht vor Bestrafung zurückzuführen; in dem seinem Willen zuwiderlaufenden Umstand, daß der Brief sich als Fangbrief darstellte, lag für ihn vielmehr ein nach allgemeiner Lebensauffassung zwingender Grund für den Rücktritt von der versuchten Unterschlagung. Auch wenn er gewollt hätte, konnte er bei solcher Sachlage nicht ernstlich beim Entschluß beharren. Der Rücktritt war also nicht freiwillig. (II, 9. Februar 1931.)

Amtl. Sammlg. S. 145—150.

Vgl. Bd. 1 S. 61; Bd. 22 S. 394; Bd. 36 S. 267; Bd. 51 S. 113; Bd. 54 S. 182; Bd. 59 S. 1; Bd. 65 S. 85.

46. Rechtsmittelbeschränkung. Strafantrag. (StGB. §§ 246, 247; StPO. § 260.) Das Hauptverfahren war wegen Urkundenfälschung und Betrugs eröffnet worden. Das Schöffengericht verurteilte wegen Unterschlagung. Der Angeklagte legte Berufung wegen des Strafmaßes ein. Das Berufungsgericht stellte fest, daß der erforderliche Strafantrag fehle (die Tat richtete sich gegen die Schwiegermutter des Angeklagten), verwarf aber die Berufung, da der Schuldausspruch rechtskräftig sei. Das Reichsgericht erkannte auf Einstellung des Verfahrens. Der Strafantrag ist eine Prozeßvoraussetzung, die im ganzen Strafverfahren von Amts wegen zu beachten ist. Trotz der Beschränkung der Berufung auf das Strafmaß hätte also das Berufungsgericht den von ihm erkannten Mangel des Strafantrags berücksichtigen müssen; denn es stand nur fest, daß der Angeklagte sich einer Unterschlagung schuldig gemacht hatte, nicht aber auch, daß die Voraussetzungen für eine Strafverfolgung wegen dieser Handlung erfüllt waren. (II, 12. Februar 1931.)

Amtl. Sammlg. S. 150—151.

Vgl. Bd. 61 S. 209; Bd. 62 S. 262.

47. Lichtspielgesetz. Jugendvorstellungen. Allgemeine Vorstellungen. (LichtspG. §§ 6, 18, 19.) Im Zuschauerraum eines Lichtspieltheaters wurden, unmittelbar vor Beginn der Abendvorstellungen, bei einer polizeilichen Nachschau drei Personen unter 18 Jahren festgestellt, obwohl nach dem Spielplan neben einem zur Vorführung vor jugendlichen Personen zugelassenen Bildstreifen auch ein solcher gezeigt werden sollte, der hiefür nicht zugelassen war. Der Spielplan war von dem Polizeipräsidenten mit der Einschränkung genehmigt worden, daß er vor Jugendlichen nicht vorgeführt werden dürfe. Der Unternehmer des Lichtspieltheaters, seine Frau, welche die Karten an die Jugendlichen abgegeben hatte, und die Person, welche den Zutritt überwachte, wurden wegen Vergehens gegen das Lichtspielgesetz angeklagt, aber in beiden Rechtszügen freigesprochen. Eine Verurteilung auf Grund des § 18 Abs. 2 war schon deshalb ausgeschlossen, weil die Vorführung des für

Jugendliche nicht zugelassenen Bildstreifens zu der Zeit, da die Nachschau stattfand, noch nicht begonnen hatte. Auch eine Bestrafung aus § 18 Abs. 1 kam nicht in Frage. Allerdings war der ganze Spielplan durch die Verfügung des Polizeipräsidenten für Jugendliche verboten, aber die Polizeibehörden sind zur selbständigen Entscheidung über Zulassung von Bildstreifen nur im Rahmen des § 6 befugt (für Bildstreifen über Tagesereignisse oder für Bildstreifen, die nur Landschaften darstellen); ein solcher Fall lag hier nicht vor. Nach § 19 Abs. 1 ist strafbar, wer Jugendliche zu allgemeinen Vorstellungen zuläßt. Den Gegensatz zu allgemeinen Vorstellungen bilden die Jugendvorstellungen. Darunter sind die Vorführungen von Bildstreifen zu verstehen, die für Jugendliche unter 18 Jahren ausdrücklich zugelassen sind. Es kann nicht angenommen werden, daß der Gesetzgeber auch den Eintritt von Jugendlichen zur Vorführung der für Jugendliche besonders zugelassenen Filmstreifen unter Strafe stellen wollte, wenn diese zufällig mit anderen Bildstreifen vereinigt in einem Spielplan für das gleiche Eintrittsgeld vorgeführt werden. Unter allgemeiner Vorstellung im Sinne des § 19 Abs. 1 ist hiernach nicht die Gesamtheit der durch den Spielplan verbundenen Lichtspielvorführungen zu verstehen, sondern die Vorführung eines für Jugendliche unter 18 Jahren nicht zugelassenen Filmstreifens. Gegen die so verstandenen Vorschriften hatten sich die Angeklagten nicht verfehlt. Durch eine Verordnung des Regierungspräsidenten waren mit Übertretungsstrafe bedroht Lichtspieltheaterbesitzer, die nicht dafür sorgten, daß die Kassen- und Aufsichtsbeamten von Vorstellungen, zu denen Jugendliche unter 18 Jahren keinen Zutritt hatten, alle Personen zurückwiesen, die nach ihrem Äußeren den Eindruck von jugendlichen Personen unter 18 Jahren machten und nicht nachweisen konnten, daß sie das 18. Lebensjahr vollendet hatten. Das Reichsgericht erklärte, daß diese Verordnung insoferne ungültig sei, als sie besagen wollte, daß Jugendliche unter 18 Jahren von Lichtspielveranstaltungen, in denen neben Jugendvorstellungen auch allgemeine Vorstellungen dargeboten wurden, in ihrer Gesamtheit zurückzuweisen seien. (III, 12. Februar 1931.)
Amtl. Sammlg. S. 151—157.

48. Fahrlässige Tötung. Kraftfahrzeugverkehr. Feuerwehr. (StGB. § 222.) Der Führer eines Feuerwehrmannschaftswagens fuhr in einer durch einen Feuerwehrwagen geschaffenen Straßenenge so nah und so schnell an diesem Wagen vorbei, daß ein dort stehender Feuerwehrmann tödlich verletzt wurde. Er wurde wegen fahrlässiger Tötung verurteilt, seine Revision wurde verworfen. Der Umstand, daß die Kraftfahrzeuge der Feuerwehr im Straßenverkehr besondere Berücksichtigung verlangen können und weitgehende Befreiung von den allgemeinen polizeilichen Vorschriften genießen, ändert nichts an der Verpflichtung der Führer, die Vorsicht und Sorgfalt zu wahren, die von ihnen nach der gegebenen Sachlage erwartet werden kann, um Gefahr für Leben und Gesundheit anderer Menschen zu vermeiden. Für den strafrechtlichen Begriff der Fahrlässigkeit kommt es überhaupt nicht darauf an, ob die polizeilichen Verkehrsvorschriften beobachtet worden sind; jedenfalls konnten und wollten die Polizeivorschriften die Führer von Kraftfahrzeugen der Feuerwehr nicht von der Pflicht der Rücksichtnahme auf andere Wegbenutzer entbinden. Ja, die durch die polizeilichen Verkehrsvorschriften geregelte Sonderstellung der Feuerwehrfahrzeuge legt dem Führer eines derartigen Kraftfahrzeugs sogar die Verpflichtung zu besonderer Vorsicht auf, wenn er, auf sie gestützt, im Straßenverkehr von den für den sonstigen Verkehr geltenden Bestimmungen abweichen will; er muß damit rechnen, daß derartige Abweichungen von den allgemeinen Fahrvorschriften andere Straßenbenutzer in Verwirrung bringen können und deshalb eine erhöhte Unfallgefahr einschließen. Auch der dem Angeklagten von seinen Vorgesetzten erteilte Befehl zum Abfahren vermochte sein Verhalten nicht zu rechtfertigen; für die Art der Ausführung des Befehls blieb der Angeklagte verantwortlich. (III, 12. Februar 1931.)

Amtl. Sammlg. S. 158—159.

49. Waffenmißbrauch. Taschenmesser. Notwehr. Irrtum. (WaffVO. vom 25. Juli 1930 § 3; StGB. §§ 53, 59.) Beim Aufmarsch einer politischen Gruppe trug ein Teilnehmer ein offenes Taschenmesser in der Hand. Er wurde wegen Waffenmißbrauchs verurteilt; seine Revision wurde verworfen. Eine Waffe im Sinne der Waffenverordnung vom 25. Juli 1930 ist nicht nur ein Gegenstand, der schon bei der Anfertigung von vornherein bestimmt ist, im Angriff oder in der Verteidigung Verletzungen zuzufügen, sondern auch ein Gegenstand, der hiezu erst durch den Willen des Täters im Einzelfall bestimmt wird. Der § 1, der das Führen von Hieb- und Stoßwaffen außerhalb der Wohnung, der Geschäftsräume oder des befriedeten Besitztums verbietet, kann nicht zu einer einschränkenden Auslegung des Begriffs „bewaffnet" im Sinne des § 3 führen. Der Angeklagte hatte sich auf Notwehr berufen weil kurz zuvor ein Angehöriger der Gruppe durch einen Stich verletzt worden war. Dem Angeklagten drohte aber keine Gefahr, weil die Gruppe von einem starken Polizeiaufgebot begleitet war. Er befand sich auch nicht in einem Irrtum über Tatsachen, in denen ein gegenwärtiger Angriff erblickt hätte werden können. Es ist zwar grundsätzlich erlaubt, die Abwehr eines erst in Aussicht stehenden Angriffs vorzubereiten; im gegebenen Fall fand aber dieses Recht seine Schranke in den Vorschriften der Waffenverordnung. Wenn der Angeklagte das verkannt hatte, lag ein Strafrechtsirrtum vor, der ihn nicht entschuldigte. (I, 17. Februar 1931.)

Amtl. Sammlg. S. 159—160.

50. Waffenmißbrauch. Notwehr. Irrtum. (StGB. §§ 53, 59; WaffVO. vom 25. Juli 1930 § 3; VerG. § 11.) Nach einer öffentlichen Wahlversammlung kam es in der Vorhalle des Saales zu einem Streit. Einer der Teilnehmer nahm ein geschlossenes Taschenmesser in die Hand und holte damit zu einem Schlag gegen einen Gegner aus. Er wurde wegen Waffenmißbrauchs verurteilt. Das Reichsgericht verwies die Sache zurück. Der Begriff „bewaffnet" im Sinne des § 3 ist nicht auf die im § 1 bezeichneten Waffen beschränkt; er ist so zu verstehen, wie im § 11 des Vereinsgesetzes, an den sich die Vorschrift anlehnt. Nach der Rechtsprechung zu dieser Gesetzesstelle dürfen zwar Taschenmesser an sich zu Versammlungen mitgebracht werden; aber auch sie fallen dann unter das Verbot, wenn ihnen im Einzelfall durch den Willen des Versammlungsteilnehmers die Bestimmung als Waffe verliehen wird, indem sie mitgenommen werden, um gegebenenfalls (wenn auch gegenüber einem Angriff zur Notwehr) als Waffe gebraucht zu werden, sei es zum Hieb oder zum Stich. Die irrige Meinung, daß zuklappbare Taschenmesser keine Waffen seien, konnte nicht vor Strafe schützen. Strafbar ist auch, wer zwar waffenlos in die Versammlung geht, aber dort sich mit einer Waffe versieht. Wo nicht eine Waffe im eigentlichen Sinne in Frage ist, sondern etwa ein gewöhnliches Taschenmesser, genügt nicht das bloße Bewußtsein, ein Messer bei sich zu tragen; erforderlich ist eine Zweckbestimmung, die es zur Waffe macht, indem es in feindseliger Absicht gezogen wird, sei es auch nur, um damit zu drohen oder zu prahlen. Von da an ist der Träger in der Versammlung bewaffnet erschienen. Zu prüfen war aber, ob nicht der Angeklagte im gegebenen Fall in Notwehr gehandelt hatte. Das traf zu, wenn er das Messer erst unmittelbar zum Gebrauch gezogen und es vorher nicht zum Angriff oder zur Verteidigung bestimmt gehabt hatte. (I, 27. Februar 1931.) Amtl. Sammlg. S. 161—163.

Vgl. Bd. 44 S. 140.

51. Raufhandel. Verschulden. Rechtsfrieden. (StGB. § 227.) Mehrere junge Leute begleiteten einen Freund nach Hause. Unterwegs stießen sie auf eine Gruppe politischer Gegner. Obwohl sie einen anderen Weg hätten einschlagen können, gingen sie der Gruppe entgegen, indem sie für etwaige Angriffe ihre Schußwaffen bereithielten. Es kam zu einem Zusammenstoß. Das Schwurgericht verurteilte sie wegen verschuldeter Teilnahme an einer Schlägerei und führte zur Begründung aus: Wer, schwer bewaffnet und bereit, von seiner Waffe Gebrauch zu machen, sich ohne zwingenden Grund einer Gruppe von Menschen nähert, von denen er annehmen muß und annimmt, daß sie zu Händeln geneigt sind, trägt Schuld daran, wenn es zwischen ihm und der Gruppe zu einer Schlägerei kommt. Das erklärte das Reichsgericht für rechtsirrig. Die Angeklagten hatten ihre Waffen nicht sichtbar getragen, also dadurch den Gegner nicht gereizt. Daß sie auch einen anderen Heimweg hätten wählen können, machte nichts aus; entscheidend war vielmehr, ob, vom Standpunkt des Rechtsfriedens aus beurteilt, von ihnen verlangt werden mußte, daß sie die Benutzung einer auf ihrem Heimweg gelegenen öffentlichen Straße unterließen, weil eine dort sich aufhaltende Gruppe von Leuten, mit denen sie bisher nichts zu tun hatten, durch ihre Angriffslust die Befürchtung nahelegte, daß sie in eine Schlägerei mit ihnen gerieten. Diese Frage war zu verneinen. Einem möglichen rechtswidrigen Angriff braucht der Gefährdete nicht aus dem Weg zu gehen. Sich nicht ohne Not in eine Gefahr zu begeben, ist vom Standpunkt der Selbsterhaltung rätlich; der öffentliche Rechtsfrieden verlangt keine so weitgehende Rücksicht auf etwaige Friedensstörer. (II, 19. Februar 1931.)

Amtl. Sammlg. S. 163—165.

52. Steuerhinterziehung. Versuch. Vorentscheidung. (R.-AbgO. §§ 355, 356, 380, 433; StGB. § 43.) Der Eigentümer einer Gerberei reichte eine Steuererklärung für die Veranlagung zur Einkommensteuer ein, worin er den Gewinn mit 3000 Reichsmark angab; die am 31. Dezember 1927 vorrätigen Häute hatte er mit etwas mehr als 16000 Reichsmark eingesetzt. Das Finanzamt stellte Ermittlungen an und setzte nach Verhandlungen mit dem Steuerpflichtigen die Steuer auf 515 Reichsmark fest; der Bescheid wurde rechtskräftig. Er beruhte auf der Annahme, daß der Angeklagte einen Gewinn von 7000 Reichsmark erzielt habe; der Häutevorrat wurde mit 20000 Reichsmark (22000 Pfund zu 90 Pfennig) angesetzt. Durch Strafbescheid wurde eine Geldstrafe verhängt. Auf den Einspruch des Angeklagten erkannte das Schöffengericht auf Freisprechung, indem es annahm, daß der Angeklagte, als er seinen Gewinn mit 3000 Reichsmark angab, einen Preis von 74 Pfennig für das Pfund Häute zugrundegelegt hat und daß dies zu jener Zeit auch der gemeine Wert gewesen sei. Damit wich das Gericht hinsichtlich des Betrags der Steuerschuld von der rechtskräftigen Festsetzung des Finanzamts ab. Der Oberreichsanwalt sah hierin eine Verletzung des § 433 RAbgO. Demgegenüber stellte das Reichsgericht folgenden Grundsatz auf: Legt die Klage dem Beschuldigten nur den Versuch der Hinterziehung einer nicht unter den Begriff der Zoll- oder Verbrauchsabgaben fallenden Steuer zur Last, weil feststeht, daß das als unwahr und steuerwidrig bezeichnete Verhalten des Beschuldigten die Verkürzung einer Steuereinnahme nicht bewirkt hat, so kann das Urteil des Gerichts zwar von der Frage, ob ein Steueranspruch besteht, aber nicht von der Frage abhängen, ob und in welcher Höhe ein Steueranspruch verkürzt ist. Wenn § 433 RAbgO. das Gericht verpflichtet, unter Beschränkung seiner eigenen Überzeugung mit Rücksicht auf gewisse Entscheidungen der Finanzbehörden ein bestimmtes Verfahren einzuschlagen und solche Entscheidungen, soferne sie von der obersten Spruchbehörde in Steuersachen gefällt sind, als zutreffend gelten zu lassen, so kommen hier nur Entscheidungen in Betracht, die im Besteuerungsverfahren zu steuerlichen Zwecken oder vom Reichsfinanzhof in einem besonderen Beschlußverfahren ergehen. Das Urteil des Gerichts hat einen Tatbestand zu bearbeiten, der sich nicht mit dem in der Entscheidung der Finanzbehörde bearbeiteten Tatbestand deckt, vielmehr über diesen hinausreicht, auch die steuergefährdenden Vorgänge umfaßt, während den Gegenstand der Entscheidung der Finanzbehörde nur die steuerbegründenden und steuerbefreienden Vorgänge bilden. Es sind hiebei drei Erscheinungen des als Steuerhinterziehung bezeichneten Ereignisses ins Auge zu fassen: Der Steueranspruch als das Rechtsgut, das angegriffen sein muß, das Verhalten des Angeklagten, in dem der Angriff gefunden wird, und die Wirkung des Angriffs, die Steuerverkürzung. Hat eine rechtskräftige Entscheidung des Finanzamts oder der Rechtsmittelbehörde das

Bestehen eines Steueranspruchs bejaht, so darf das Gericht nicht mit der Begründung freisprechen, daß der Vorgang, aus dem die Steuerbehörde den Steueranspruch abgeleitet hat, sich nicht zugetragen oder den Steueranspruch nicht erzeugt habe; es muß vielmehr, wenn es von der rechtskräftigen Entscheidung abweichen will, die Entscheidung des Reichsfinanzhofs einholen. Dagegen bleibt die Entscheidungsfreiheit des Gerichts gewahrt in Ansehung des Verhaltens des Angeklagten; über die steuergefährdenden Handlungen oder Unterlassungen wird im Besteuerungsverfahren nicht entschieden. Das gilt auch dann, wenn nur ein Versuch der Steuerhinterziehung in Frage kommt. Nach der ständigen Rechtsprechung des Reichsgerichts hängt allerdings das Urteil über ein nur versuchtes Vergehen nicht davon ab, ob die Handlung oder Unterlassung des Täters geeignet zur Erzielung der den gesetzlichen Tatbestand erfüllenden Wirkung war und in welchem Maße sie diese Wirkung herbeiführen konnte; vielmehr kommt es, wenn der äußere Hergang der Handlung festgestellt ist, der einen Anfang der Ausführung des beabsichtigten Vergehens enthält, im übrigen ausschließlich auf die innere Stellungnahme des Täters, nämlich darauf an, ob er vermöge seiner Vorstellung jene das Vergehen vollendende Wirkung erwartet und gewollt hat. Hiernach kann angenommen werden, daß der Täter, soferne er nur an das Bestehen des Steueranspruchs geglaubt hat, des strafbaren Versuchs auch schuldig ist, wenn der Anspruch nicht besteht, wie er anderseits freigesprochen werden muß, wenn ihm das Bewußtsein von dem Bestehen des Steueranspruchs gefehlt hat oder doch nicht nachgewiesen werden kann. So hat das Reichsgericht schon entschieden, daß wegen versuchter Abtreibung zu bestrafen ist, wer den Entschluß dieses Verbrechens durch eine Ausführungshandlung betätigt hat, auch wenn eine Schwangerschaft nicht besteht. Der Glaube an das Bestehen einer Schwangerschaft stellt aber hier einen Irrtum über einen tatsächlichen Zustand her, während der Glaube an das Bestehen eines fehlenden Steueranspruchs ein Irrtum über eine rechtliche Beziehung sein kann. Angesichts der Unübersichtlichkeit der Pflichten, die in den Steuergesetzen auferlegt sind, würde es unerträgliche Folgen nach sich ziehen, wenn jeder nach § 360 RAbgO. verantwortlich zu machen wäre, in dem Rechtsunkenntnis die Vorstellung hervorruft, daß sein Verhalten die Verkürzung eines Steueranspruchs zur Folge haben wird, auch wenn es wegen Fehlens eines solchen Anspruchs belanglos ist. Diese Erwägung begründet die Anerkennung der Straflosigkeit eines solchen Verhaltens. Demnach ist die Frage, ob ein Steueranspruch besteht, allerdings von Einfluß auf das Urteil, das den Versuch einer Steuerhinterziehung zum Gegenstand hat; dagegen ist nicht einzusehen, inwieferne ein solches Urteil von der Frage abhängen könnte, ob und in welcher Höhe ein Steueranspruch verkürzt ist. Die Verurteilung wegen des Versuchs der Hinterziehung erfordert nicht die Feststellung, daß die Handlung oder Unterlassung, wenn ihr Erfolg nicht gehindert worden wäre, die Verkürzung eines Steueranspruchs bewirkt hätte; sie wird vielmehr durch den Nachweis begründet, daß das Verhalten des Täters in dessen Vorstellung als ein zur Herbeiführung der Steuerverkürzung geeignetes Mittel erschienen ist. Die Erfassung des Verhältnisses der Handlung oder Unterlassung des Angeklagten zu der Steuerverkürzung, die sich im mutmaßlichen Verlauf der Dinge bei Berechnung des Steueranspruchs nach der Entscheidung der Finanzbehörde ergeben hätte, mag in einzelnen Fällen zweckmäßig sein; ein allgemeines und unumgängliches Erfordernis ist sie nicht. § 433 RAbgO. legt dem Gericht eine Beschränkung vornehmlich in der Entscheidung über den äußeren Tatbestand auf und verlangt insoweit die Berücksichtigung der wesentlichen Ergebnisse der Beschlüsse und Erkenntnisse der Finanzbehörde; da aber das Steuerstrafrecht unter dem Versuch nichts anderes versteht als das gemeine Strafrecht und die Vorgänge im Inneren des Täters maßgebend für die Strafbarkeit des Versuchs sind, beeinträchtigt § 433 RAbgO. die Freiheit des Gerichts in der Entscheidung über diese Frage nicht. (II, 19. Februar 1931.) Amtl. Sammlg. S. 165—175. Vgl. Bd. 47 S. 65; Bd. 56 S. 107, 316; Bd. 57 S. 183; Bd. 58 S. 54; Bd. 59 S. 238; Bd. 60 S. 6, 209, 215; Bd. 61 S. 107; Bd. 62 S. 322; Bd. 63 S. 64; Bd. 64 S. 229, 238.

53. Branntweinmonopol. Einziehung. Objektives Verfahren. Vermischung. Rechtskraft. (RAbgO. § 379; Branntw.-MonG. §§ 128, 144, 147.) Nach Aushebung einer Geheimbrennerei wurden bei einem Gastwirt zwei Fässer Branntwein, die er von dort bezogen hatte, beschlagnahmt. Er wurde wegen Ordnungswidrigkeit verurteilt, mehrere andere Beteiligte wegen Hinterziehung der Monopoleinnahme. Die Einziehung des beschlagnahmten Branntweins wurde versehentlich nicht ausgesprochen. Das Verfahren gegen den Haupttäter wurde vorläufig eingestellt, weil er flüchtig gegangen war. Im objektiven Verfahren wurde die Einziehung des Branntweins angeordnet.

Das Reichsgericht bestätigte das Urteil. In dem Verfahren gegen den Gastwirt hätte die Einziehung nicht ausgesprochen werden können, weil er nur wegen Ordnungswidrigkeit verurteilt wurde; dagegen wäre sie in den Verfahren gegen die anderen Täter möglich gewesen. Das hinderte aber die Einziehung im objektiven Verfahren nicht, weil die Aburteilung des flüchtigen Haupttäters noch ausstand und in dem Verfahren gegen diesen die Einziehung zulässig war. Der Einwand der Rechtskraft konnte daher der Einziehung nicht entgegengehalten werden. Der Beschwerdeführer hatte gegen das Urteil weiter vorgebracht, er habe den Branntwein schon vor der Beschlagnahme mit versteuertem Branntwein vermischt gehabt. Auch dieser Einwand griff nicht durch. Allerdings kann auf Einziehung nur insoweit erkannt werden, als es sich um Branntwein handelt, hinsichtlich dessen die Hinterziehung der Monopoleinnahme begangen worden ist. Ist eine hienach der Einziehung unterliegende Sache durch Vermischung oder Verarbeitung untergegangen, so entfällt der Einziehungsanspruch und verwandelt sich in einen Anspruch auf Werterſatz. Ob aber durch die mit dem Einziehungsgegenstand vorgenommenen Handlungen wirklich eine neue Sache entstand oder ob nur eine Bearbeitung der in ihrem Wesen unverändert gebliebenen Sache vorgenommen worden ist, bestimmt sich nach der Verkehrsanschauung. Die Tatsache allein, daß eine Vermischung stattgefunden hat, reicht nicht hin, den Einziehungsanspruch zum Erlöschen zu bringen. Im gegebenen Fall war der Zusatz nur gering gewesen und hatte den aus der Geheimbrennerei stammenden Branntwein nur unwesentlich verändert. (III, 23. Februar 1931.) Amtl. Sammlg. S. 175—178.

Vgl. Bd. 8 S. 349; Bd. 27 S. 352; Bd. 42 S. 123; Bd. 44 S. 315; Bd. 52 S. 47; Bd. 62 S. 49; Bd. 63 S. 23.

54. Gesellschaft mit beschränkter Haftung. Einzahlung. Forderungsabtretung. Freie Verfügung. Irrtum. (GmbHG. § 7.) Bei der Anmeldung einer G. m. b. H. versicherten die Geschäftsführer, daß ein Viertel der Stammeinlagen einbezahlt sei und zu ihrer freien Verfügung stehe. Gesellschafter war auch eine Gemeinde. Diese hatte bei einer öffentlichen Sparkasse ein jederzeit flüssiges Guthaben von 48000 Reichsmark. Der Schultheiß der Gemeinde erklärte in Gegenwart des die Anmeldung der G. m. b. H. beurkundenden Notars, als Vertreter der Gemeinde ermächtige er die Geschäftsführer, das Guthaben der Gemeinde zur Einzahlung der Stammeinlagen zu verwenden. Das Reichsgericht entschied, daß darin eine Einzahlung der Stammeinlagen nicht erblickt werden könne. Auch wenn der Schultheiß das Recht zur Vertretung der Gemeinde hatte und die Forderung auf die G. m. b. H. überging, hatten die Geschäftsführer noch nicht die freie Verfügung über diese. Der Fall lag anders, als wenn ein Scheck an die Sparkasse ausgestellt worden wäre. Im Scheck hat der Inhaber unmittelbar den ihn zur Geltung des Anspruchs berechtigenden Ausweis; im Falle einer nur mündlichen Abtretung des Anspruchs ohne Mitteilung an den Schuldner fehlt ihm aber die Möglichkeit, dem Schuldner gegenüber seine Eigenschaft als Gläubiger darzutun. Die Angeklagten hatten vor dem Revisionsgericht noch vorgebracht, daß die Einlage der Gemeinde bei der Sparkasse auf den Namen der Bank lautete, deren Geschäftsführer sie waren, und daß damit die Wirksamkeit der Abtretung gesichert gewesen sei. Gleichwohl fand das Reichsgericht keine hinreichende Gewißheit dafür gegeben, daß der durch die Abtretung erlangte Vermögenswert jeden Augenblick mit zweifelloser Sicherheit in Bargeld umgesetzt werden konnte. Soweit es noch auf eine Mitwirkung des Schultheißen ankam, war zu beachten, daß dieser in bedrängte Lage geraten war und demzufolge nicht gewiß feststand, daß er die noch erforderlichen Erklärungen abgeben würde. Eine irrige Annahme der Angeklagten, daß sie freie Verfügung über das Guthaben hatten, konnte sie als Strafrechtsirrtum nicht entlasten. (I, 24. Februar 1931.)

Amtl. Sammlg. S. 178—180.

Vgl. Bd. 36 S. 185; Bd. 41 S. 120.

55. Tabaksteuer. Blankosteuerzeichen. Anfertigung unechter Steuerzeichen. (TabStG. § 66; RAbgO. § 369 a.; Ausf.-BestTabStG. §§ 18, 22 a.) Bei Steuerzeichen ohne Angabe des Kleinverkaufspreises soll die Ausfüllung im allgemeinen durch die Hebestelle selbst und vor der Abgabe an den Besteller erfolgen; ausnahmsweise kann hievon abgesehen und dem Besteller die Ausfüllung überlassen werden. Welchen Kleinverkaufspreis er einzutragen hat, ergibt sich aus dem von ihm eingereichten Bestellzettel. Höhere Preise einzutragen ist er nicht befugt. Mißbraucht er das ihm erwiesene Vertrauen, so verleiht er den Steuerzeichen den Anschein, als habe er sie mit Ermächtigung der Hebestelle ausgefüllt. Hierin liegt eine Anfertigung unechter Steuerzeichen. (II, 26. Februar 1931.)

Amtl. Sammlg. S. 180—181.

Vgl. Bd. 62 S. 210.

56. Tabaksteuer. Geheimbetrieb. Hinterziehungsvermutung. Freiverkehr. Versuchsstrafe. Gesetzeseinheit. (TabStG. §§ 9, 10, 20, 35, 36, 56, 58, 59, 97, 100.) Arbeiter einer Zigarettenfabrik brachten heimlich dorthin 50 Kilo Zigarettentabak, um daraus Zigaretten herzustellen. Nachdem sie 7,5 Kilo verarbeitet hatten, wurden sie entdeckt. Sie wurden wegen gemeinschaftlich verübter Hinterziehung der Materialsteuer und hinsichtlich der schon fertiggestellten Zigaretten auch wegen gemeinschaftlich verübter Hinterziehung der Tabaksteuer verurteilt. Bei der Bemessung der Strafe war das Landgericht davon ausgegangen, daß sie die gesamten 50 Kilo verarbeiten wollten. Das Reichsgericht bestätigte das Urteil. Die Verurteilung wegen Hinterziehung der Materialsteuer war auf die Vermutung des § 100 TabStG. gestützt worden. Hiegegen wäre der Entschuldungsbeweis zulässig gewesen, daß es infolge der überraschenden Entdeckung des eben erst begonnenen Geheimbetriebs zu einer Steuerverkürzung nicht gekommen sei; demgegenüber genügte aber zur Verurteilung die Feststellung, daß die Angeklagten die Materialsteuer weder angemeldet noch gezahlt hatten. Die schon hergestellten Zigaretten befanden sich in den Händen der Angeklagten schon im Freiverkehr, obwohl sie noch in den Räumen einer unter amtlicher Überwachung stehenden Zigarettenfabrik untergebracht waren. In diesen Räumen hatten die Angeklagten einen heimlichen, der steueramtlichen Überwachung nicht zugänglich gemachten eigenen gewerblichen Herstellungsbetrieb eingerichtet; dort waren die Zigaretten in dem der Steuerbehörde unbekannten und von ihr nicht beaufsichtigten Gewahrsam der Angeklagten. Keine Überwachung und keine Buchführung hinderte diese, über die Zigaretten nach Belieben zu verfügen und sie insbesondere in den Handel gelangen zu lassen. Daß sie noch nicht aus den Räumen des Herstellungsbetriebs entfernt waren, machte nichts aus, da ein überwachter Herstellungsbetrieb nicht in Frage kam. Für diese Zigaretten war also schon mit ihrer Herstellung die Tabaksteuer fällig und durch Einbringen von Steuerzeichen zu entrichten. Da das nicht geschehen war, wurde schon mit ihrer unversteuerten Herstellung die Steuer verkürzt. Auf einen der Vermutungstatbestände der §§ 58, 59 TabStG. zurückzugreifen bestand kein Anlaß; es war sogar nicht angebracht, da die Hinterziehungsvermutungen nur Rechtsbehelfe sind, den Nachweis der Hinterziehung, besonders des Hinterziehungsvorsatzes, zu ersetzen, also zurücktreten müssen, sobald eine Hinterziehung festgestellt werden kann. Auch die Bemessung der Strafe war richtig vorgenommen worden. Die Angeklagten wollten die gesamten 50 Kilo Tabak zu Zigaretten verarbeiten und die dafür zu entrichtende Steuer hinterziehen; diese Absicht hatten sie schon zum Anfang der Ausführung gebracht. Der Umfang der hiernach zugleich mit der vollendeten Hinterziehung versuchten Verkürzung der Tabaksteuer war bei der Strafbemessung ebenfalls zu berücksichtigen. Richtig war auch, daß die Angeklagten nur der Hinterziehung schuldig gesprochen wurden; da es sich um eine im natürlichen Sinn einheitliche Tat handelte, war für eine Verurteilung wegen Versuchs neben der vollendeten Straftat kein Raum, vielmehr ging der Versuch in der Vollendung des Vergehens auf. (II, 2. März 1931.)

Amtl. Sammlg. S. 182—184.

Vgl. Bd. 61 S. 71; Bd. 62 S. 175, 285.

57. Republikschutzgesetz. Beschimpfung der Staatsform. Verbreitung. Innerer Tatbestand. (StGB. § 186; RepSchG. 1930 § 5.) Ein Flugblatt, in dem zu einer Versammlung der Nationalsozialistischen Partei eingeladen wurde, enthielt folgende fettgedruckten Stellen: 3 Monate Gefängnis im Kampf gegen die Korruption des Staates! Das war die Antwort der November-Mächte an den Pfarrer K., der im 12jährigen Kampf gegen das Auswärtige Amt in seinem bekannten offenen Brief schrieb: Die Helden ins Loch — die Schieber auf den Thron! Das ist Neudeutschlands Staatsräson. Vaterlandsliebe = die Religion der dummen Kerls! Vaterlandsverrat = das Gentlemanverbrechen unserer Zeit. — Der Verfasser und Verbreiter des Flugblatts wurde vom Landgericht von der Anklage der Beschimpfung der republikanischen Staatsform des Reichs freigesprochen. Das Reichsgericht verwies die Sache zurück. Unter der verfassungsmäßig festgestellten republikanischen Staatsform will das Gesetz nicht lediglich die durch die einzelnen Bestimmungen herbeigeführte rechtliche Ausgestaltung der äußeren Verfassungsform verstanden wissen; vielmehr begreift es unter dieser Bezeichnung den Gedankenkreis, der in der geltenden Verfassung seinen rechtlichen Niederschlag gefunden hat, in der Ausprägung, die er durch die verfassungsmäßig berufene Regierung auf Grund der Verfassungsbestimmungen unter der Billigung der maßgebenden Volkskreise in der praktischen politischen Betätigung erhalten hat. Unter jenem Begriff ist also zu verstehen die deutsche Republik, wie sie sich auf Grund der Verfassung tatsächlich entwickelt hat und betätigt. Voraussetzung dafür, daß eine in der Behauptung schimpflicher Tatsachen oder in einem abfälligen Werturteil tatsächlicher Art bestehende Gedankenäußerung als Beschimpfung oder Herabwürdigung der verfassungsmäßig festgestellten republikanischen Staatsform beurteilt werden kann, ist allerdings, daß sie geeignet ist, die Vorstellung hervorzurufen, es hätten die Tatsachen, die den Gegenstand des Angriffs bilden, in irgendwelchem Sinne ihre Wurzel in der gegenwärtigen Staatsform; nicht erforderlich ist aber, daß die als schimpflich bezeichneten Umstände als die notwendige Folge der republikanischen Staatsform, als für sie typisch, als nur unter ihr möglich hingestellt werden, vielmehr genügt die ausdrückliche oder dem Sinne nach aufgestellte Behauptung, daß sie aus der republikanischen Staatsform, wie sie sich tatsächlich gestaltet hat und betätigt, hervorgegangen sind. Was von der Beschimpfung gilt, trifft auch für die Herabwürdigung und Verächtlichmachung zu. Bei der Auslegung einer unter Anklage gestellten Äußerung müssen alle Umstände, unter denen sie geschehen (Zeit, Ort, Anlaß, Zusammenhang, Persönlichkeit und Vorstellungswelt der Empfänger, Persönlichkeit, Denkweise und Ausdrucksweise des Äußernden, die in einer Druckschrift durch Anordnung und Druck den einzelnen Teilen beigelegte Bedeutung usw.), berücksichtigt werden. Hiernach ist zunächst äußerlich, also unabhängig von dem Willen des Täters, zu beurteilen, was er seinem Hör- oder Leserkreis in verständlicher Weise zum Ausdruck gebracht hat. Das gilt insbesondere auch hinsichtlich des Zusammenhangs zwischen den behaupteten Mißständen und der republikanischen Staatsform; er braucht sich nicht aus dem Inhalt der Gedankenäußerung allein zu ergeben; er kann auch aus anderen, außerhalb ihres Inhalts gegebenen, wenn nur irgendwie ihr anhaftenden oder doch zu ihr in Beziehung stehenden Umständen erhellen, wie etwa aus der grundsätzlich feindlichen Parteistellung des Verfassers und des Leserkreises, an den er sich wendet. Gegenüber der Verteidigung des Angeklagten, daß er selbst Republikaner sei, bemerkte das Reichsgericht, daß auch bei einem Anhänger der republikanischen Staatsform eine grundsätzlich feindliche Gesinnung gegen die besondere, in der Reichsverfassung festgelegte und auf ihrer Grundlage sich entwickelnde demokratisch-parlamentarische Gestalt der deutschen Republik vorhanden sein kann. Das Gesetz will zwar den Vertretern dieser Anschauung nicht das Recht nehmen, Mißstände zu geißeln und sie auf die bestehende Staatsform in ihrer tatsächlichen Gestaltung und

Betätigung zurückzuführen; wohl aber verbietet es, diese Anschauung durch Äußerungen zum Ausdruck zu bringen, die sich nicht mehr im Rahmen einer, wenn auch scharfen, doch sachlichen Kritik halten, sich vielmehr als eine nach Form oder Inhalt rohe Kundgebung der Mißachtung jener Staatsform darstellen oder durch die jene Staatsform als mit einem sittlichen Makel behaftet oder sonst der Achtung der Volksgenossen unwürdig hingestellt wird. Beim Leserkreis einer Druckschrift ist auch zu prüfen, ob nicht, insbesondere im Hinblick auf die Art der Gedankenäußerung mit einem nur flüchtigen Lesen gerechnet werden muß und wie sich der Inhalt der Druckschrift in den hier in Betracht kommenden Richtungen für den flüchtigen Leser darstellt. Als Täter ist nur strafbar, wer selbst beschimpft, nicht ohne weiteres, wer nur berichtet, daß ein anderer eine Äußerung getan hat, in der eine Beschimpfung zu finden ist. Das Verbreiten der beschimpfenden Äußerung eines anderen ist (abweichend vom § 186 StGB.) nur strafbar, wenn erkennbar der Verbreiter die beschimpfenden Äußerungen sich derart zu eigen macht, daß er durch die Verbreitung selbst beschimpft. Ganz unerheblich ist es in dieser Hinsicht, ob sich der Inhalt des Flugblattes bei Berücksichtigung aller Umstände äußerlich als eine eigene Kundgebung des Angeklagten darstellte. Es war vor allem zu prüfen, ob bei der Art der Druckschrift und des in Frage kommenden Leserkreises eine nähere Betrachtung erwartet werden konnte, ob nicht vielmehr bei sehr vielen Empfängern ein flüchtiges Lesen in der Natur der Sache lag. Möglicherweise war der Angeklagte, wie wohl auch viele Leser, über die den Pfarrer K. betreffenden Vorgänge nur mangelhaft unterrichtet und brachte aus diesem Grunde den offenen Brief des K. mit dem darin enthaltenen Vers sowie seine Verurteilung zu drei Monaten Gefängnis mit seinem Kampf gegen das Auswärtige Amt in Verbindung. Unter den Novembermächten verstand der Angeklagte wohl nicht nur die durch die Novemberrevolution unmittelbar an die Macht gelangten Personen, sondern alle seit und infolge der Revolution an die Macht gelangten Parteien nebst den aus ihnen hervorgegangenen Regierungen und den von ihnen nach seiner Auffassung beeinflußten Gerichten. Der äußere Tatbestand der Beschimpfung war hiernach gegeben. Hinsichtlich des inneren Tatbestandes war zu prüfen, ob der Täter die Tatumstände als vorhanden und doch möglicherweise vorhanden gekannt hatte, auf Grund deren seine Äußerung rechtlich als öffentliche oder in einer

Versammlung geschehene Beschimpfung der verfassungsmäßig festgestellten republikanischen Staatsform zu beurteilen war. Es genügte, wenn der Angeklagte sich bewußt war oder zum mindesten mit der Möglichkeit rechnete, daß die im Flugblatt enthaltenen Gedanken von den Lesern des Flugblatts oder von einem nennenswerten Teil der Leser bei dem von ihnen zu erwartenden flüchtigen Lesen in einem die Staatsform beschimpfenden Sinn verstanden werde, und wenn er die Äußerung auch für diesen Fall wollte. Unerheblich war es, ob der Angeklagte die Absicht der Beschimpfung hatte. Es genügte das Bewußtsein der Beschimpfung und der Wille, trotzdem zu handeln. Nur bei der Verächtlichmachung werden über den gewöhnlichen Vorsatz hinaus nochBöswilligkeit und Überlegung vorausgesetzt. Unerheblich war es ferner, wenn der Angeklagte seine Äußerung nicht als roh empfunden hätte; das Gesetz will gerade der Verrohung der Sitten, bei der Rohes nicht mehr als roh empfunden wird, entgegenwirken. (I, 3. März 1931.)

Amtl. Sammlg. S. 185—193.

Vgl. Bd. 57 S. 209; Bd. 64 S. 55.

58. Ausspielung. Gratisausspielung. Versteckter Einsatz. (StGB. § 286.) Der Inhaber eines Kaufhauses veröffentlichte eine Anzeige, daß das Publikum während einer Woche täglich eine halbe Stunde lang in seinem Geschäft umsonst kaufen könne. Diese halbe Stunde war für die Woche im voraus festgelegt; sie wurde aber erst nach ihrem Ablauf bekanntgegeben. Die Kunden, die während dieser halben Stunde gekauft hatten, erhielten einen Gutschein, der in der Höhe des Betrags ihrer Einkäufe zum unentgeltlichen Bezug weiterer Waren berechtigte. Die Preise der Waren wurden für die Dauer der Veranstaltung nicht erhöht. Die Unkosten der Veranstaltung wurden aus dem für Reklame ausgesetzten Betrag beglichen. Das Landgericht sprach von der Anklage einer verbotenen Ausspielung frei. Das Reichsgericht verwies die Sache zurück. Wesentlicher Bestandteil der Ausspielung ist der Spielvertrag. Zu seinen Voraussetzungen gehört, daß der Teilnehmer die Beteiligung an der Ausspielung bewußt durch einen Einsatz erkauft. Allerdings kann der Einsatz auch versteckt ausbedungen werden; immer aber muß der Spielteilnehmer sich dessen bewußt sein, daß er mit dem Vertragsschluß einen Vermögenswert für die Beteiligung an den Gewinnaussichten opfert, mag er ihn auch nicht gegenständlich und ziffernmäßig genau zu bezeichnen vermögen. Wird der Spielvertrag mit einem anderen Vertrag,

z. B. einem Warenverkauf, verkoppelt, so kann der Einsatz sich im Warenpreis verbergen. Der angebliche Warenpreis muß in einem solchen Fall nicht nur objektiv zu einem Bruchteil sich nicht auf die Ware beziehen, sondern den Gegenwert für die Spielbeteiligung darstellen; über diese Tatsache muß auch subjektiv unter den Vertragsparteien Einverständnis bestehen. Fehlt es daran, so kann Betrug oder unlauterer Wettbewerb vorliegen, aber nicht Spielvertrag. Die Ausspielung ist sonach begrifflich ein entgeltlicher Vertrag. Von einem solchen konnte dann keine Rede sein, wenn der Spielteilnehmer seine Beteiligung am Spiel ohne wirtschaftliche Opfer erlangte, also keinen Einsatz zu entrichten hatte. Sucht aber ein Kaufmann das Publikum durch den Anreiz der Spielleidenschaft an sich heranzulocken, indem er das Recht zur Spielbeteiligung von dem Abschluß ihm gewinnbringender Warenkäufe abhängig macht, so stellt der von ihm geforderte Verdienst das Entgelt zugleich für die Verschaffung der Ware wie für die Verschaffung des Rechts zur Beteiligung an der Auszahlung dar. Der Kunde, der unter solchen Umständen kauft, leistet also, soferne er dies, was sich regelmäßig von selbst verstehen wird, erkennt, in dem Warenkaufpreis bewußt seinen versteckten Spieleinsatz. Wie groß der vom Kaufmann solchenfalls erstrebte Umsatzverdienst beim einzelnen Kaufgegenstand ist und wie er sich im einzelnen errechnet, ist rechtlich ebenso bedeutungslos wie die Frage, in welcher Weise dieser Gewinn sich auf den Warenkauf und auf die Zulassung zur Ausspielung verteilt; dabei handelt es sich um innere Berechnungen des Unternehmens, die nicht Gegenstand des Spielvertrags werden. In dem Einverständnis beider Teile, daß für den Kaufmann bei den im Rahmen seines Unternehmens abzuschließenden einzelnen Warenverkäufen ein Gewinn herauskomme, liegt das dem Spielvertrag wesentliche Merkmal der Einsatzleistung. (III, 23. Februar 1931.)

Amtl. Sammlg. S. 194—200.

59. Widerstand gegen die Staatsgewalt. Aufforderung zum Begehen einer strafbaren Handlung. (StGB. § 111.) In einer kommunistischen Zeitung war die Aufforderung enthalten, die Faschisten zu schlagen, wo sie getroffen würden. Das Schöffengericht und das Landgericht sprachen von der Anklage wegen Widerstands gegen die Staatsgewalt frei, weil nicht zu einer bestimmten strafbaren Handlung aufgefordert worden war. Das Reichsgericht verwies die Sache zurück. Das Landgericht hatte festgestellt, daß die Aufforderung zunächst in dem übertragenen Sinne gemeint war, den Nationalsozialisten im politischen Kampf Abbruch zu tun, daneben aber auch als Aufforderung zu einem Vorgehen mit körperlicher Gewaltanwendung, also zum mindesten zur Begehung von Körperverletzungen. In dieser Weise muß auch für eine so allgemein gefaßte Aufforderung, deren Wirkung sich möglicherweise in einer größeren Zahl einzelner Vorfälle zu verschiedenen Zeiten und an verschiedenen Orten entladen kann, das für den Tatbestand des § 111 StGB. zu fordernde Maß von Bestimmtheit des strafbaren Vorgehens, auf das die Aufforderung abzielt, als gegeben erachtet werden. Die Bestimmtheit der Aufforderung ist in dem Sinne zu verstehen, daß die Art des angesonnenen Verbrechens nach seinem rechtlichen Wesen gekennzeichnet ist, nicht aber so, daß das einzelne Ereignis nach Ort und Person bestimmt wird. (II, 6. März 1931.)

Amtl. Sammlg. S. 200—202.

Vgl. Bd. 23 S. 172; Bd. 39 S. 387.

60. Münzvergehen. Versuch. Vorbereitungshandlung. (StGB. §§ 43, 146, 151.) Zum Zwecke der Nachmachung von Reichsbanknoten wurden von einer echten Note photographische Aufnahmen hergestellt. Damit war der Tatbestand des § 151 StGB. erfüllt. Es war möglich, von den Glasplatten unmittelbar die falschen Scheine auf rein photographischem Wege anzufertigen, indem entsprechend präpariertes Druckpapier unter den Platten belichtet und entwickelt wurde; die Platten waren also zur Anfertigung von Geld dienlich. Der Staatsanwalt hatte beantragt, die Angeklagten wegen Versuchs eines Münzverbrechens nach § 146 StGB. zu verurteilen. Das war nicht möglich. Nach dieser Vorschrift wird bestraft, wer inländisches Papiergeld nachmacht, um es als echtes in den Verkehr zu bringen. Nachmachen ist die körperliche Behandlung einer Sache mit dem Ergebnis, daß sie mit einer anderen Sache verwechselt werden kann. Jede Inangriffnahme einer solchen Behandlung ist ein Anfang der Ausführung des Nachmachens. Dieser Anfang ist aber, da zum Nachmachen die körperliche Behandlung eines bestimmten Stoffes gehört, nicht zu denken, ohne daß der in den Zustand der Verwechslungsfähigkeit zu bringende Stoff selbst bereits irgendwie körperlich in Mitleidenschaft gezogen worden ist. Im vorliegenden Fall war aber noch kein Stoff vorhanden, der nach der von den Angeklagten geplanten Behandlung falsche Reichsbanknoten vorstellen sollte. Ihre Tätigkeit war nur Vorbereitungshandlung, die ohne die Sonder-

vorschrift des § 151 StGB. hätte straflos bleiben müssen. (I, 15. März 1931.) Amtl. Sammlg. S. 203—205.
Vgl. Bd. 55 S. 283.

61. Meineid. Versuch. Zuständige Behörde. (StGB. §§ 43, 157; GVG. § 10; PrAGzGVG. § 2.) Eine Referendarin, die seit mehr als einem Jahr und drei Monaten im Vorbereitungsdienst beschäftigt und einem Amtsgericht zur weiteren Ausbildung zugewiesen war, nahm einen Eid ab. Die Aussage war wissentlich unwahr. Das Schwurgericht verurteilte wegen Meineids. Das Reichsgericht verwies die Sache zurück. Nach preußischem Recht hätte die Referendarin zur Wahrnehmung gerichtlicher Geschäfte, also auch zur Abnahme von Eiden, sowohl allgemein durch die Justizverwaltung als auch für einen besonderen Fall durch den Amtsrichter, dem sie zur Ausbildung zugewiesen war, ermächtigt werden können. Eine solche Ermächtigung war nicht erfolgt. Somit war der Eid nicht vor einer zur Abnahme von Eiden zuständigen Behörde geleistet worden. Eine Verurteilung wegen Meineids war hiernach ausgeschlossen; dagegen war der Tatbestand des Versuchs erfüllt. Ein solcher Versuch ist auch möglich, wenn der geleistete Eid überhaupt keine rechtliche Wirkung hat und insbesondere auch dann, wenn dem Beamten, der den Eid abnimmt, die Fähigkeit zur Wahrnehmung richterlicher Geschäfte fehlt. Da die Angeklagte das Recht gehabt hätte, ihr Zeugnis zu verweigern, hierüber aber nicht belehrt worden war, kam eine Strafermäßigung in Betracht; diese ist auch bei Verurteilung wegen versuchten Meineids zulässig. (III, 16. März 1931.)
Amtl. Sammlg. S. 206—208.
Vgl. Bd. 7 S. 275; Bd. 38 S. 102; Bd. 60 S. 25; Bd. 63 S. 174.

62. Kraftfahrverkehr. Wegekreuzung. Gabelung. Vorfahrtsrecht. (KraftFahrzVO. § 24.) B. fuhr mit einem Kraftwagen auf eine Wegegabelung zu, um den nach links abzweigenden Weg einzuschlagen. K. fuhr ihm mit einem Kraftwagen auf dem nach rechts abzweigenden Weg entgegen. Etwa 10 Meter vor der Gabelung stießen sie zusammen; mehrere Personen wurden verletzt. Beide Fahrer wurden wegen fahrlässiger Körperverletzung verurteilt. Ihre Revisionen wurden verworfen. Es handelte sich nicht um eine Wegkreuzung, da die Straßen sich nicht durchschnitten, sondern um eine Wegeinmündung; der Regelfall dieser ist, daß ein Weg senkrecht oder schräg bis zu einer Straße hinführt, ohne sich jenseits fortzusetzen. Bei einer Gabelung teilt sich die ursprünglich alleinige Straße in zwei auseinandergehende Wege; jeder dieser Wege mündet in die Straße ein. Auch für eine solche Straßenanlage müssen die Vorschriften über das Vorfahrtsrecht gelten, weil sie dem Verkehr dieselben Gefahren bereitet wie eine Kreuzung oder eine gewöhnliche Wegeinmündung. Bei bestehender Ungewißheit müssen die Fahrer stets mit einem Zusammenkommen der Fahrtlinien rechnen. Bei der Gefahr, die aus einer Begegnung bei der Wegegabelung erwuchs, mußte K. an diese mit besonderer Vorsicht heranfahren, obwohl er, da er von rechts kam, zur Vorfahrt berechtigt war. Wenn auch die Vorsichtspflicht des Vorfahrtsberechtigten nicht so weit zu erstrecken ist, wie die des zur Freigabe der Vorfahrt Verpflichteten, so war es doch keine Überspannung der allgemeinen Sorgfaltspflicht, wenn das Durchfahren einer so gefährlichen Stelle mit unverminderter Geschwindigkeit von 50 Kilometern als Fahrlässigkeit beurteilt wurde. Darauf, daß B. bis hart an die Wegegabelung scharf rechts fahren und dann erst nach links hinüberlenken werde, konnte K. nicht rechnen. Die Gründe, aus denen die Revision des B. verworfen wurde, sind nicht veröffentlicht. (II, 5. März 1931.) Amtl. Sammlg. S. 209—211.

63. Öffentliche Fürsorge. Krankenversicherung. Betrug. (StGB. § 263; RVersO. §§ 190, 195 a, 205 a.) Ein Arbeiter beantragte beim Wohlfahrtsamt einer Stadt Wochenfürsorge für seine Frau; er verschwieg dabei, daß er gegen eine Krankenkasse Ansprüche hierauf hatte. Seine Frau holte die bewilligte Unterstützung ab. Beide wurden wegen Betrugs verurteilt. Das Reichsgericht hob das Urteil auf. Eine Pflicht, der Fürsorgestelle Tatsachen anzuzeigen, die gegen das Vorhandensein einer Hilfsbedürftigkeit sprechen, ist in den gesetzlichen Vorschriften nicht aufgestellt. Wird ein Hilfesuchender über seine Verhältnisse nicht befragt, so kann allein in seinem Schweigen keine Unterdrückung wahrer Tatsachen gefunden werden. Ebensowenig hatte die mitangeklagte Frau eine rechtliche Offenbarungspflicht, selbst wenn die Krankenkasse die von ihr verlangten Gelder schon ausgezahlt hätte. (II, 16. März 1931.)
Amtl. Sammlg. S. 211—214.
Vgl. Bd. 41 S. 373; Bd. 46 S. 414; Bd. 62 S. 418; Bd. 64 S. 33.

64. Depotgesetz. Weitergabe von Wertpapieren. Unterschlagung. (StGB. § 246; DepG. §§ 11, 8, 9, 10.) Ein Bankier gab Wertpapiere, die ihm zur Verwahrung übergeben waren, an ein anderes Bankhaus zum Zwecke der Erlangung von

Kredit mit der wahrheitswidrigen Behauptung, daß er zur Verfügung darüber berechtigt sei. Damit war der Tatbestand des § 9 Abs. 1 DepG. erfüllt. Eine Unterschlagung lag nicht vor, da der Kaufmann der Überzeugung war, jederzeit die Papiere auslösen zu können, wenn ein Kunde die Herausgabe verlangte. Auch § 9 Abs. 2 DepG. war nicht verletzt. Diese Vorschrift bedroht mit Strafe, wer der Vorschrift des § 8 zum eigenen Nutzen oder zum Nutzen eines Dritten vorsätzlich zuwiderhandelt. § 8 legt einem Kaufmann, der im Betrieb seines Handelsgewerbes fremde Wertpapiere einem Dritten zum Zwecke der Aufbewahrung ausantwortet, die Pflicht auf, diesem mitzuteilen, daß die Papiere fremd sind. Hierunter fällt auch eine Ausantwortung zum Zwecke der Verpfändung, da der Pfandgläubiger zur Aufbewahrung verpflichtet ist. § 9 Abs. 2 stellt das Unterlassen der Mitteilung einer Verfügung über die Wertpapiere im Sinne des § 9 Abs. 1 gleich. Wird mit der Ausantwortung der Papiere an den Dritten die ausdrückliche wahrheitswidrige Mitteilung eines eigenen Verfügungsrechts verbunden, so liegt der Fall der Verfügung nach § 9 Abs. 1 vor. In einzelnen Fällen hatte der Angeklagte die im § 8 vorgeschriebene Mitteilung unterlassen, ohne damit wahrheitswidrige Angaben über das Verfügungsrecht zu verbinden; diese Unterlassung war aber zu niemands Nutzen, sondern nur aus Bequemlichkeit erfolgt. Damit war § 8 nicht verletzt. Der Angeklagte hatte seine Zahlungen eingestellt. In der Revision des Staatsanwalts war gerügt, daß § 10 DepG. nicht angewendet worden war. Hiernach ist ein Kaufmann, der seine Zahlungen eingestellt hat, mit Gefängnis bis zu zwei Jahren bedroht, wenn er den Vorschriften des § 1 Nr. 1 oder 2 vorsätzlich zuwiderhandelt. Im § 1 Abs. 1 ist dem Kaufmann die Pflicht der gesonderten Aufbewahrung der ihm übergebenen Wertpapiere auferlegt; ein Verstoß gegen diese Pflicht wurde darin erblickt, daß der Angeklagte bei der Weitergabe der Papiere nicht mitgeteilt hatte, daß sie fremd seien. Dieser Auffassung trat das Reichsgericht nicht bei. Ob und unter welchen Voraussetzungen ein Kaufmann berechtigt ist, die ihm zur Aufbewahrung übergebenen Wertpapiere einem Dritten zur weiteren Aufbewahrung zu übergeben und welche Pflichten er hiebei zu erfüllen hat, sagt § 1 überhaupt nicht. Im Zweifel ist eine solche Übergabe nicht gestattet; nach Handelsbrauch ist aber die Hinterlegung bei einem sicheren Bankier im allgemeinen nicht zu beanstanden. § 8 bestimmt, daß bei der Weitergabe die Papiere als fremde bezeichnet werden müssen; diese Vorschrift wäre überflüssig, wenn sich eine solche Verpflichtung schon aus § 1 ergeben würde. Zuwiderhandlungen gegen § 1 sind als solche nicht unmittelbar mit Strafe bedroht, sondern nur dann, wenn sie zugleich rechtswidrige Verfügungen über die Wertpapiere zu eigenem oder fremdem Nutzen darstellen. Erst im Falle der Zahlungseinstellung oder der Konkurseröffnung werden solche Zuwiderhandlungen zu Tatbestandsmerkmalen des Vergehens nach § 10, soferne der Berechtigte bezüglich seines Aussonderungsrechts benachteiligt ist; in diesem Fall tritt aber eine Bestrafung auch dann ein, wenn die vorsätzliche Zuwiderhandlung nicht zu eigenem oder fremdem Nutzen, sondern etwa aus Bequemlichkeit, erfolgt ist. Der Tatbestand des § 10 kann also mit jenem des § 9 rechtlich zusammentreffen, muß es aber nicht. Da der Angeklagte gegen die Vorschrift des § 1 nicht verstoßen hatte, war mit Recht weder durch die Verpfändung der Wertpapiere mit der wahrheitswidrigen Angabe des eigenen Verfügungsrechts noch in den Fällen, in denen bei der Ausantwortung der Papiere lediglich aus Bequemlichkeit die Fremdanzeige unterlassen worden war, der Tatbestand des § 6 für erfüllt erachtet worden. (II, 6. März 1931.)

Amtl. Sammlg. S. 214—222.
Vgl. Bd. 2 S. 22; Bd. 26 S. 230; Bd. 34 S. 237; Bd. 37 S. 223; RGZ. Bd. 56 S. 189.

65. Gemeindesteuer. Wertzuwachssteuer. Betrug. (StGB. §§ 1, 43, 263; EGzStGB. § 2; RAbgO. § 1; RWertZuwStG. 1911 § 50; RG. vom 3. Juli 1913 § 4; LandesSteuerG. § 2; PrKommAbgG. § 79.) Eine Frau gab bei der Veräußerung eines Grundstücks die Aufwendungen für Planierungsarbeiten zu hoch an, um eine geringere Bemessung der Wertzuwachssteuer zu erzielen. Sie wurde wegen Betrugsversuchs verurteilt. Das Reichsgericht verwies die Sache zurück. Straftaten, die im Reichsstrafgesetzbuch unter Strafe gestellt sind, unterliegen der dort bestimmten Strafe nicht, wenn für sie eine anderweitige Strafe in einem Sondergesetz vorgesehen ist, das als Reichsgesetz oder als Landesgesetz die Kraft hat, das Reichsstrafgesetzbuch auszuschließen. Das trifft besonders für Steuergesetze zu. Freilich läßt sich nicht schon daraus, daß ein strafrechtlicher Tatbestand in Beziehung auf einen Gegenstand der Steuergesetzgebung hervortritt, allgemein die Folgerung ziehen, daß er ohne weiteres der Herrschaft des Reichsstrafgesetzbuchs entzogen sei; vielmehr ist dies nur dann der Fall, wenn das Sondergesetz erkennen läßt, daß es einen seiner Ordnung nicht entzogenen strafrechtlichen Tatbestand wirklich behandelt hat. Auf den vorliegenden Fall kam das Preußische Kommunalabgabengesetz zur Anwendung. Dieses bedroht mit Strafe, wer in der Absicht der Steuerhinterziehung unrichtige oder unvollständige Angaben macht. Damit ist ein Tatbestand geregelt, der sich mit dem des Betrugs im wesentlichen deckt. Die Reichsabgabenordnung kam nicht in Betracht, da deren Vorschriften nur für Steuern gelten, die ganz oder teilweise zugunsten des Reichs erhoben werden. Die Wertzuwachssteuer war allerdings ursprünglich eine Reichssteuer, ist aber seit dem 3. Juli 1913 den Ländern und Gemeinden überlassen, obwohl formell das Reichsgesetz aufrechterhalten wurde. Dieser Zustand ist auch in der Folgezeit nicht geändert worden. Demgemäß kann als Grundlage der Wertzuwachssteuerordnungen der Gemeinden nur das Landesrecht in Betracht kommen. (II, 16. März 1931.)

Amtl. Sammlg. S. 222—229.

Vgl. Bd. 50 S. 166; Bd. 51 S. 257; Bd. 56 S. 12; Bd. 63 S. 139; RGZ. Bd. 104 S. 29; RFH. Bd. 18 S. 108.

66. Geldstrafe. (StGB. § 27 b.) Von der Umwandlung einer Gefängnisstrafe von zwei Monaten in eine Geldstrafe wurde mit der Begründung abgesehen, daß der Angeklagte eine Geldstrafe in entsprechender Höhe wirtschaftlich nicht tragen könne. Das erklärte das Reichsgericht für rechtsirrig. Wenn eine Freiheitsstrafe von weniger als drei Monaten für ein Vergehen oder eine Übertretung für angemessen erachtet wird, muß der Richter prüfen, ob der Strafzweck nicht durch eine Geldstrafe erreicht werden kann. Dabei sind die Persönlichkeit des Täters, die Schwere der Verfehlung, die Wirkung der Bestrafung auf dritte Personen, besonders den etwaigen Verletzten, zu berücksichtigen. Da die Strafe für den Verurteilten stets ein Übel bedeuten soll, kann von einer Geldstrafe abgesehen werden, wenn diese von ihm nicht als Übel empfunden würde; je schwerer aber ein Verurteilter nach seinen wirtschaftlichen Verhältnissen eine Geldstrafe zu tragen vermag, desto mehr wird sie von ihm als ein Übel empfunden werden und der Strafzweck also durch eine Geldstrafe zu erreichen sein. Die wirtschaftlichen Verhältnisse des Verurteilten sind neben den sonstigen Strafbemessungsgründen zu berücksichtigen. (II, 19. März 1931.)

Amtl. Sammlg. S. 229—231.

Vgl. Bd. 61 S. 417; Bd. 64 S. 207.

67. Berufung. Ausbleiben des Angeklagten. Beschränkung eines Rechtsmittels. (StPO. §§ 243, 303, 324, 329.) Gegen ein schöffengerichtliches Urteil legten sowohl die drei Angeklagten als der Staatsanwalt unbeschränkt Berufung ein. In der Hauptverhandlung vor dem Berufungsgericht blieb ein Angeklagter unentschuldigt aus. Seine Berufung wurde sofort verworfen. Über die Berufungen der anderen Angeklagten und des Staatsanwalts wurde verhandelt. Der Staatsanwalt beschränkte seine Berufung auf das Strafmaß. Die Strafe gegen den ausgebliebenen Angeklagten wurde erhöht. Seine Revision führte zur Zurückverweisung der Sache. Gegen die sofortige Verwerfung seiner Berufung war nichts einzuwenden. Allerdings kann über eine Straftat gegen denselben Täter nur einheitlich geurteilt werden; daß aber über die Berufung des Angeklagten und des Staatsanwalts durch ein Urteil zu entscheiden ist, ergibt sich weder aus dem Wortlaut noch aus dem Sinn und Zweck des Gesetzes. Es ist eine Zweckmäßigkeitsfrage, ob die mehreren Berufungen durch ein Urteil oder durch zwei äußerlich getrennte Urteile verbeschieden werden. Dagegen litt das in Abwesenheit des Angeklagten durchgeführte Verfahren über die Berufung der Staatsanwaltschaft insoferne an einem Mangel, als eine Nachprüfung der Schuldfrage des Angeklagten nicht stattgefunden hatte. Die Zurücknahme oder Beschränkung eines Rechtsmittels kann nach Beginn der Hauptverhandlung nur mit Zustimmung des Gegners erfolgen. Der Staatsanwalt hatte seine Erklärung erst nach Aufruf der Zeugen und Sachverständigen, also nach Beginn der Hauptverhandlung abgegeben; also hätte hinsichtlich des nicht erschienenen Angeklagten auch die Schuldfrage geprüft werden müssen. Daraus, daß über die Berufung in Abwesenheit des Angeklagten verhandelt werden konnte, darf nicht der Schluß gezogen werden, daß er durch sein Ausbleiben auf alle Rechte, die er in der Verhandlung ausüben konnte, verzichtet habe. (III, 19. März 1931.)

Amtl. Sammlg. S. 231—237.
Vgl. Bd. 61 S. 180.

68. Rückfall. Wechsel der Gesetzgebung. (StGB. § 2; VZG. §§ 135, 140, 141, 146; TabStG. § 56; RAbgO. § 369.) Durch ein schöffengerichtliches Urteil vom 11. Januar 1928 wurde wegen Zollhinterziehung im zweiten Wiederholungsfall auf Grund der §§ 135, 140, 141 VZG. auf eine Gefängnisstrafe erkannt. Die Berufung des Angeklagten wurde am 19. Juni 1929 verworfen. Auf seine Revision wurde das Urteil des Landgerichts wegen der Annahme des Rückfalls bei der Zollhinterziehung aufgehoben und die Sache zurückverwiesen. Das Landgericht verurteilte nun den Angeklagten gemäß § 135 VZG. zu einer Geldstrafe, da nach § 369 RAbgO., die seit dem 1. Januar 1930 anzuwenden war, kein Rückfall vorliege. Die Revision des Angeklagten wurde verworfen. Ein unbeschränkt angefochtenes Urteil, das lediglich die Vorschriften über den strafschärfenden Rückfall verletzt, ist in der Hauptsache aufrechtzuerhalten und nur hinsichtlich der den Rückfall betreffenden Feststellung aufzuheben. Das Reichsgericht hatte in der ersten Verhandlung nur zu prüfen, ob das Landgericht das von ihm anzuwendende alte Recht richtig ausgelegt hatte. Nur insoweit, als dieses Recht verletzt war, konnte das Urteil aufgehoben werden. Demgemäß hatte in der neuen Hauptverhandlung das Landgericht das neue Recht unberücksichtigt zu lassen. § 2 StGB. kam nicht in Betracht. Es war rechtskräftig festgestellt, daß der Angeklagte sich einer Zollhinterziehung nach § 135 schuldig gemacht hatte. Die dort bestimmte Strafe hatte er verwirkt, wenn nicht Rückfall festgestellt werden konnte. Das Vorliegen von Rückfall hatte die Strafkammer zu Unrecht verneint. § 369 RAbgO. war nicht anwendbar; es ging nicht an, teils die alten, teils die neuen Vorschriften anzuwenden. Hierdurch war aber der Angeklagte nicht beschwert. (III, 26. März 1931.) Amtl. Sammlg. S. 237—239.

Vgl. Bd. 22 S. 347; Bd. 32 S. 310; Bd. 46 S. 337; Bd. 47 S. 382; Bd. 48 S. 21; Bd. 54 S. 180; Bd. 60 S. 109.

69. Schenkungssteuer. Anmeldepflicht. Irrtum. Ordnungswidrigkeit. (StGB. § 59; ErbschStG. §§ 3, 10, 18, 25; RAbgO. §§ 84, 358, 377; BGB. §§ 518, 1117). Bei der Hingabe eines Darlehens von 10000 Reichsmark ließ der Gläubiger zugunsten seines Sohnes eine Hypothek auf dessen Namen eintragen und schrieb ihm darüber: „Wir wünschen, daß du dieses Kapital nicht verbrauchst, sondern reservierst für deine Mädchen, damit du ihnen, wenn sie sich mal verheiraten sollten, zur Seite stehen kannst. Die Zinsen kannst du vielleicht für deinen armen Jungen (gemeint war ein geisteskranker Sohn) verwenden." Eine Anzeige von dem Vorgang wurde dem Finanzamt nicht gemacht. Gegen den Sohn des Gläubigers wurde eine Geldstrafe wegen Steuerordnungswidrigkeit ausgesprochen. Das Reichsgericht hob das Urteil auf. Durch die Eintragung der Hypothek zugunsten des Angeklagten war dieser noch nicht Gläubiger der Hypothek geworden, wenn es sich (was aus dem angefochtenen

Urteil nicht hervorging) um eine Briefhypothek handelte. Eine solche erwirbt der Gläubiger erst, wenn ihm der Hypothekenbrief von dem Eigentümer des Grundstücks übergeben wird; das Vorliegen einer solchen Übergabe, zu der eine Einigung über den Eigentumsübergang gehört, wäre zu prüfen gewesen. Es fehlte aber auch der Nachweis dafür, daß ein rechtsgültiger Schenkungsvertrag zustandegekommen war. Der Brief des Vaters des Angeklagten war nur eine einseitige Erklärung, die verschiedene Deutungen zuließ; auch wenn darin das Angebot einer Schenkung an den Angeklagten gefunden wurde, fehlte der Nachweis, daß der Angeklagte dieses Angebot als ihm gemacht aufgefaßt und angenommen hatte. War aber auch eine Schenkung an den Angeklagten anzunehmen, so ließ der Brief die Deutung offen, daß er den in der Hypothek verkörperten Vermögenswert in vollem Umfang seinen Kindern zuwenden solle; bei den engen Beziehungen der Parteien war nicht ausgeschlossen, daß der Angeklagte die Wendungen als für sich verbindlich ansah, auch soweit das nicht ausdrücklich gesagt war. In diesem Falle war dem Angeklagten nichts zugewendet; er war nur Treuhänder und machte sich durch eine widerrechtliche Verfügung der Untreue schuldig. Auch hinsichtlich der elterlichen Nutznießung an dem Vermögen der Kinder war der Angeklagte dann nicht als beschenkt anzusehen, da dieser Erwerb nicht auf dem Schenkungsvertrag beruhte. Der Angeklagte war auch hinsichtlich der seinen Kindern gemachten Schenkungen zur Anzeige an das Finanzamt verpflichtet, aber nur, soweit die Schenkung für jedes Kind den Wert von 5000 Reichsmark überstieg. Auch wenn der Angeklagte nur zufolge seines Irrtums annahm, daß er nicht zur Anzeige verpflichtet sei, mußte berücksichtigt werden, daß die Rechtslage keineswegs einfach und durchsichtig war und daß darum sein Irrtum möglicherweise nicht auf Fahrlässigkeit beruhte; in diesem Falle ergab sich aus § 59 StGB. seine Freisprechung. (III, 26. März 1931.) Amtl. Sammlg. S. 239—245.

Vgl. Bd. 64 S. 25.

70. Notwendige Verteidigung. Aussetzung. (StPO. §§ 140, 265; StGB. §§ 176, 185.) In einem Verfahren wegen Beleidigung legte der Angeklagte gegen das Urteil des Schöffengerichts Berufung ein. Nach Durchführung der Verhandlung wies der Verteidiger auf das Fehlen eines gültigen Strafantrags hin und entfernte sich sodann. Das Gericht nahm die Verhandlung wieder auf und vernahm Zeugen zur Klärung der Frage, ob nicht mit Gewalt verübte unzüchtige Handlungen vorlagen; erst dann wurde der Angeklagte auf die Änderung des rechtlichen Gesichtspunktes hingewiesen. Er ersuchte, ihm Gelegenheit zu geben, seinen Verteidiger wieder herbeizurufen; einen Antrag auf Aussetzung der Verhandlung stellte er nicht. Das Urteil wurde aufgehoben. Auch ohne besonderen Antrag mußte das Berufungsgericht zur Aussetzung der Hauptverhandlung schreiten, wenn sich eine so schwerwiegende Änderung der Sachlage ergab, daß für den Angeklagten eine Änderung oder weitere Vorbereitung der Verteidigung notwendig wurde. Gegenüber dem von seinem Verteidiger im Stich gelassenen rechtsunkundigen Angeklagten war es für das Gericht eine verfahrensrechtliche Pflicht, ihn zu belehren, daß er die Aussetzung der Verhandlung, mindestens zum Zwecke der Herbeiholung seines Verteidigers, oder die Bestellung eines Pflichtverteidigers verlangen könne. (III, 26. März 1931.)

Amtl. Sammlg. S. 246—248.

Vgl. Bd. 53 S. 264; Bd. 57 S. 147.

71. **Verstrickungsbruch. Beschlagnahme. Zubehör.** (StGB. § 137; ZVG. §§ 10, 20, 22, 23, 24; ZPO. §§ 864, 865, 866; BGB. §§ 1120—1130.) Von einem zum Zwecke der Zwangsversteigerung in Beschlag genommenen Grundstück brachte der Eigentümer verschiedene Sachen, die als Zubehör von der Beschlagnahme mitergriffen waren, zu Verwandten. Damit war der Tatbestand des Verstrickungsbruchs erfüllt. In Beschlag genommen ist eine Sache, wenn sie der Verfügung der Beamten oder Behörden, von denen die Anordnung ausgeht, unterworfen wird, sei es zum Zwecke der Sicherung privater oder öffentlicher Belange. § 137 StGB. wendet sich im Interesse der öffentlichen Ordnung gegen die Nichtbeachtung solcher Anordnungen. Ob und unter welchen Voraussetzungen eine solche wirksame Verstrickung im Einzelfall entsteht, fortdauert und endet, richtet sich nach den besonderen, für die Vornahme der betreffenden Beschlagnahme bestehenden Vorschriften. Die Beschlagnahme zum Zwecke der Zwangsversteigerung bezweckt, dem Anspruch des Gläubigers ein Recht auf Befriedigung aus dem Grundstück zu verschaffen, die Wandelbarkeit der dinglichen Haftung der Gegenstände, auf welche die Hypothek sich erstreckt, zu beseitigen, und jene Haftung für den Gläubiger sicherzustellen. Eine Besitzergreifung ist hiefür nicht nötig, vielmehr genügt die Zustellung des Beschlagnahmebeschlusses; damit werden die von der Beschlagnahme ergriffenen Gegenstände

der Verfügungsgewalt des Zwangsversteigerungsrichters unterworfen. Diese allgemeine Verfügungsgewalt wird nicht dadurch in Frage gestellt, daß dem Eigentümer eine beschränkte Verfügungsgewalt verbleibt, indem er über gewisse Zubehörstücke innerhalb der Grenzen einer ordnungsmäßigen Wirtschaft auch dem Gläubiger gegenüber wirksam verfügen kann. (III, 30. März 1931.) Amtl. Sammlg. S. 248—250. Vgl. Bd. 1 S. 368; Bd. 8 S. 113; Bd. 14 S. 286; Bd. 20 S. 244; Bd. 31 S. 80; Bd. 48 S. 361; Bd. 61 S. 367.

72. Aktenverlust. Prüfung der Zulässigkeit von Rechtsmitteln. Rechtskraft. In dubio pro reo. (StPO. §§ 203, 207, 316, 344, 352.) Gegen ein schöffengerichtliches Urteil legte der Staatsanwalt Berufung ein. Vor der Berufungsverhandlung gingen die Akten verloren. Das Landgericht verwarf die Berufung als unzulässig, weil ihre rechtzeitige Einlegung nicht nachgewiesen sei. Die Revision des Staatsanwalts führte aus, daß das Verfahren hätte eingestellt werden müssen, weil zu der Zeit, da das Urteil erging, kein Eröffnungsbeschluß vorhanden war. Diese Auffassung erklärte das Reichsgericht für irrig. Es stand fest, daß ein den gesetzlichen Vorschriften entsprechender Eröffnungsbeschluß ergangen war; der nachträgliche Verlust stand keineswegs einem Fehlen von vorneherein gleich. Die Revision hätte hienach verworfen werden müssen, wenn nicht von Amts wegen zu prüfen gewesen wäre, ob die Berufung zu Recht verworfen worden war. Zu einer solchen Prüfung war das Revisionsgericht berechtigt und verpflichtet. Die Beschränkung eines Rechtsmittels hat, soweit sie wirksam ist, die Rechtskraft der ergangenen Entscheidung zur Folge; in diesem Umfang wird eine Fortsetzung des Verfahrens unzulässig. Die Rechtsmittelbeschränkung betrifft also eine Voraussetzung des weiteren Verfahrens, auch vor dem Revisionsgericht. Das gilt aber nicht, soweit ein Verfahrensmangel auch ohne Rüge zu beachten ist. Es steht nicht in der Macht der Beteiligten, durch Unterlassung einer Revisionsrüge rückwirkend einen Mangel zu heilen, der darin besteht, daß ein Teil einer früheren Entscheidung trotz fehlender Rechtskraft aus dem weiteren Verfahren ausgeschieden und als rechtskräftig behandelt wird. Wenn das Berufungsgericht eine ordnungsmäßig angebrachte Berufung als unzulässig verwirft, spricht es dem angefochtenen Urteil irrtümlich die Rechtskraft zu und entzieht sich seiner Verpflichtung, eine Entscheidung in der Sache selbst zu treffen. Das Revisionsgericht ist hier berechtigt und verpflichtet, die Frage, ob die Berufung zulässig war, von Amts wegen einer selbständigen Prüfung zu unterziehen und gegebenenfalls das Urteil aufzuheben, damit die unterlassene Entscheidung in der Sache selbst nachgeholt werden kann. Dem stand im vorliegenden Fall auch der Umstand nicht entgegen, daß auch der Angeklagte Berufung eingelegt hatte. Das Landgericht hatte seine Entscheidung auf den Grundsatz in dubio pro reo gestützt. Das war rechtsirrig; dieser Grundsatz stellt eine Beweisregel auf, deren Anwendung nur dann in Betracht kommt, wenn der Tatrichter Zweifel an der Schuld eines Angeklagten hat, während die Beachtung von Verfahrensvorschriften auf Grund der Akten nach freiem richterlichen Ermessen zu prüfen ist. (I, 31. März 1931.) Amtl. Sammlg. S. 250—256. Vgl. Bd. 52 S. 319; Bd. 53 S. 159; Bd. 59 S. 241; Bd. 62 S. 13; Bd. 64 S. 17, 21, 151.

73. Wertpapier. Hypothekenbrief. Blankoabtretung. Unterschlagung. (DepG. § 11; StGB. § 246; BGB. §§ 1117, 1154, 1155, 1160, 1819.) Eine Sparkasse übergab Hypothekenbriefe über ihr zustehende Forderungen mit notariellen Blankoabtretungserklärungen einem Kaufmann, damit dieser sich mit ihrer Hilfe Geld verschaffe. Die Abtretungsurkunden waren so gefaßt, daß nur der Name des Abtretungsempfängers eingetragen zu werden brauchte. Der Kaufmann übergab die Hypothekenbriefe und die Abtretungsurkunden in einem versiegelten Umschlag einem Bankier zur Aufbewahrung. Dieser verfügte darüber zu seinem eigenen Vorteil. Damit war der Tatbestand einer schweren Unterschlagung erfüllt, nicht aber jener eines Verbrechens gegen das Depotgesetz. Gegenstand dieses Verbrechens können nur Wertpapiere sein, also Urkunden, bei denen die Geltendmachung des verbrieften Rechts an das Papier geknüpft ist und die Übertragung des Papiers die Übertragung des Rechts bedeutet. Hypothekenbriefe sind keine solchen Urkunden. Sie sollen bestimmungsgemäß eine öffentliche Auskunft sowohl über das Bestehen des Rechts als auch über die seiner Sicherheit dienenden Umstände geben und so das Einsehen des Grundbuchs entbehrlich machen. Sie sind niemals Rechtsträger, sondern stets Legitimations- und Beweisurkunden über anderweit begründete und bestehende Forderungen. Da der Erwerb des Gläubigerrechts an die Übertragung des Briefs gebunden ist, nähern sie sich allerdings dem Wesen des Wertpapiers. Der begriffliche Unterschied bleibt aber bestehen. Wären sie Wertpapiere, so würde das Recht mit dem

Besitz oder der Begebung des Briefes übergehen; es geht aber stets erst mit der daneben herlaufenden Übertragung des Rechts als solcher über. Die Forderung hängt zwar mit dem Hypothekenbrief zusammen, ist aber nicht in diesem verkörpert. (III, 13. April 1931.) Amtl. Sammlg. S. 256—260.
Vgl. Bd. 3 S. 344; Bd. 41 S. 265; RGZ. Bd. 51 S. 83; Bd. 63 S. 230; Bd. 66 S. 24; Bd. 77 S. 423; Bd. 81 S. 257; Bd. 91 S. 155.

74. Widerstand gegen die Staatsgewalt. Obrigkeitliche Anordnung. (StGB. § 118.) Der Aufforderung des Regierungspräsidenten entsprechend wies ein Landrat die Gemeindevorsteher seines Kreises an, einen im Auftrage der Reichsregierung verbreiteten Aufruf der Reichszentrale für Heimatdienst, der sich gegen das deutsche Volksbegehren vom Jahre 1929 wendete, in den Amtsgebäuden öffentlich zum Aushang zu bringen. Der Kreisleiter für das Volksbegehren versandte daraufhin an die Gemeindevorsteher ein Rundschreiben, worin er ausführte, daß das Verfahren des Landrats gegen die Deutsche Reichsverfassung verstoße und daß die Gemeindevorsteher nicht verpflichtet seien, ihm Folge zu leisten. Er wurde von der Anklage des Widerstands, begangen durch Aufforderung zum Ungehorsam gegen obrigkeitliche Anordnungen, freigesprochen. Das Reichsgericht bestätigte das Urteil. Unter einer obrigkeitlichen Anordnung ist ein im Verwaltungsweg an eine größere Personenzahl zur Regelung eines bestimmten Verhältnisses erlassenes Gebot zu verstehen, zu dessen Befolgung die, die es angeht, auf Grund des Gehorsams verpflichtet sind, den sie in ihrer Eigenschaft als Staatsbürger dem von zuständiger Stelle kundgegebenen, für sie verbindlichen Staatswillen schulden. Im vorliegenden Fall wandte sich aber der Landrat nur an die ihm unterstellten Beamten. Das Schreiben des Angeklagten enthielt auch keine Aufforderung zum Ungehorsam gegen die Gesetze, welche die Gemeindevorsteher zur Befolgung der ihnen vom Landrat des Kreises erteilten dienstlichen Weisungen verpflichten; sie erstrebten keineswegs eine grundsätzliche Auflehnung der Gemeindevorsteher gegen ihre Gebundenheit an die Anordnung des Landrats, sondern nur ihren Ungehorsam gegen die eine besondere Weisung, weil diese nach der Auffassung des Angeklagten gegen die Reichsverfassung verstieß, also gar nicht befolgt werden durfte. (II, 16. April 1931.)
Amtl. Sammlg. S. 260—263.
Vgl. Bd. 24 S. 189; Bd. 40 S. 62; Bd. 50 S. 150.

75. Züchtigungsrecht. Irrtum. Fahrlässigkeit. Bedingter Vorsatz. (StGB. §§ 59, 230, 340.) Dem Rektor einer Volksschule wurde von seiner Tochter mitgeteilt, daß ein Schüler eine unsittliche Handlung an ihr vorgenommen habe. Er ließ den Schüler in seine Wohnung kommen, sagte zu ihm, er wisse ja, weshalb er ihn habe rufen lassen, legte ihn, als der Schüler das verneinte, über das Knie und verabfolgte ihm mit einem Rohrstock eine Tracht Prügel auf das Gesäß. Das Schöffengericht stellte fest, daß die Angabe der Tochter des Angeklagten der Wahrheit nicht entsprochen habe, sprach ihn aber frei, da ihm ein Züchtigungsrecht zustand und er auch das Maß der Züchtigung nicht überschritten habe. Eine Prüfung der Frage, ob der Angeklagte erst die Angaben seiner Tochter hätte nachprüfen müssen, lehnte es ab, da dies allein Sache der Disziplinarbehörde sei. Das Reichsgericht hob das Urteil auf. Die Ausübung eines Züchtigungsrechts durch den Lehrer setzt voraus, daß ein die Ahndung im Wege der Schulzucht erforderndes Verhalten des Schülers außer Frage steht. Ob und in welchem Umfang ein solches Verhalten Anlaß zur körperlichen Züchtigung gibt, unterliegt dann allerdings der pflichtgemäßen Beurteilung der Schulorgane. Die Frage, ob ein solches Verhalten vorlag, kann aber auch vom Strafgericht geprüft werden. Ergibt sich, daß ein strafwidriges Verhalten des Schülers nicht vorlag, so war jede Züchtigung unzulässig und rechtswidrig. Hat sich der Lehrer über die tatsächlichen Voraussetzungen des Züchtigungsrechts in entschuldbarer Weise geirrt, so ist zwar eine Bestrafung wegen vorsätzlicher Körperverletzung im Amte ausgeschlossen, dagegen ist eine Bestrafung wegen fahrlässiger Körperverletzung zulässig, wenn der Irrtum selbst durch Fahrlässigkeit verschuldet ist. Die Pflicht eines Lehrers, sich darüber zu vergewissern, ob ein ihm unterstellter Schüler eine Handlung begangen habe, die Anlaß zur Ausübung des Züchtigungsrechts gegen ihn geben kann, ist eine Amts- und Berufspflicht, die besondere Aufmerksamkeit auferlegt, wenn zu einer Züchtigung geschritten werden will. Hatte der Angeklagte die Möglichkeit, daß der Schüler sich gar nicht in der behaupteten Weise vergangen hatte, in seine Vorstellung aufgenommen und die Züchtigung trotz ihrer als möglich erkannten Rechtswidrigkeit ausgeführt, also mit bedingtem Vorsatz gehandelt, so lag Körperverletzung im Amte vor. (III, 16. April 1931.)

Amtl. Sammlg. S. 263—267.

Vgl. Bd. 5 S. 129; Bd. 9 S. 302; Bd. 20 S. 93; Bd. 43 S. 281.

76. Örtliche Zuständigkeit. (StPO. § 16.) Vor Eintritt in die Hauptverhandlung wurde der Einwand der örtlichen Unzuständigkeit des Gerichts erhoben. Er wurde zurückgewiesen mit der Begründung, daß die dem Angeklagten zur Last gelegten Betrugshandlungen auch im Gebiete des Gerichtes, vor dem das Hauptverfahren eröffnet war, begangen worden seien. Verurteilt wurde der Angeklagte nicht wegen Betrugs, sondern wegen Unterschlagung. Diese war unzweifelhaft nicht im Gebiet des entscheidenden Gerichts begangen worden. Die Revision hatte keinen Erfolg. Nach Eröffnung des Hauptverfahrens kann das Gericht seine örtliche Unzuständigkeit nur auf Antrag des Angeklagten aussprechen; der Antrag ist nach Verlesung des Eröffnungsbeschlusses nicht mehr zulässig, auch wenn die Umstände, aus denen sich die Unzuständigkeit des Gerichts ergibt, erst im Laufe der Verhandlung hervortreten oder wenn die Tat in der Hauptverhandlung nach einem vom Eröffnungsbeschluß abweichenden rechtlichen Gesichtspunkt beurteilt wird. Ist der Einwand einmal abgelehnt worden, so lebt er auch bei Veränderung der Sachlage nicht wieder auf. (II, 20. April 1931.) Amtl. Sammlg. S. 267—268.

Vgl. Bd. 15 S. 232; Bd. 18 S. 51; Bd. 26 S. 340; Bd. 40 S. 356.

77. Auslieferung. Ne bis in idem. Wiederaufnahme. (AuslG. §§ 2, 4; StPO. § 362.) Von Österreich aus wurde die Auslieferung eines Angeklagten beantragt, der im Jahre 1925 von einem österreichischen Gericht freigesprochen, gegen den aber das Verfahren wieder aufgenommen worden war. Nach deutschem Recht wäre die Wiederaufnahme des Verfahrens aus den im Beschluß angegebenen Gründen nicht zulässig gewesen. Die Auslieferung wurde bewilligt; das Reichsgericht verwarf die Beschwerde. Die Auslieferung ist eine Form der Rechtspflege. Der ersuchte Staat darf nicht ausliefern, wenn er selbst im gegebenen Fall kein Recht hätte, zu strafen. Die hiernach dem deutschen Richter auferlegte Prüfungspflicht beschränkt sich aber auf das materielle Recht. Die Frage, ob ein Verfahren rechtswirksam ist, entscheidet sich nach dem Recht des Staats, in dessen Machtbereich es vorgenommen ist. Demzufolge war die Zulässigkeit des Wiederaufnahmeverfahrens nach österreichischem Recht zu beurteilen. (III, 27. April 1931.) Amtl. Sammlg. S. 269—272.

Vgl. Bd. 11 S. 391; Bd. 12 S. 347; Bd. 40 S. 189.

78. Meineid. Zeugnis. Vernehmung. Strafermäßigung. Betrug. Betrugsversuch. Rücktritt. (StGB. §§ 43, 154, 157, 263; StPO. § 69.) Eine Friseurgehilfin wurde vor einem Versicherungsamt als Zeugin vernommen. Ihre Aussage wurde zunächst von dem Protokollführer niedergeschrieben; dann erst wurde sie zu dem Vernehmungsbeamten geführt. Dieser beschränkte sich darauf, einige Fragen an sie zu richten; darauf wurde ihr das Protokoll unverändert vorgelesen und die Frage an sie gerichtet, ob die Aussage richtig sei. Sie bejahte dies und wurde darauf vereidigt. In der Aussage war unrichtig, daß sie eine regelrechte Fachausbildung durchgemacht hatte. Das Schwurgericht verurteilte sie wegen Meineids und lehnte eine Strafermäßigung ab. Das Reichsgericht verwies die Sache zurück. Die Strafprozeßordnung schreibt vor, daß der Richter dem Zeugen den Gegenstand der Untersuchung und der Vernehmung bekanntzugeben, ihn dann zu veranlassen hat, sein Wissen im Zusammenhang vorzubringen und schließlich, soweit nötig, weitere Fragen zur Aufklärung und Vervollständigung seiner Aussage an ihn zu richten hat. Diese Richtlinien haben für alle eidlichen Vernehmungen in gleicher Weise zu gelten; das ergibt sich aus der Natur der Vernehmung und der Zeugnisablegung. Freilich schließt die Nichtbeachtung der Richtlinien die Strafbarkeit einer wissentlich falschen Aussage nicht aus, wenn die für die Eidesleistung vorgeschriebenen Förmlichkeiten eingehalten sind; notwendig ist aber stets, daß das Ergebnis der Vernehmung wirklich ein Zeugnis im Rechtssinne darstellt. Im vorliegenden Fall erschien das zweifelhaft; die Unwahrheit in der ganzen Aussage betraf nur einen mit dem Gegenstand der Vernehmung gar nicht zusammenhängenden oder doch ganz nebensächlichen Umstand, auf den der Vernehmungsbeamte, wenn er selbst von Anfang an die Vernehmung in die Hand genommen und selbständig durchgeführt hätte, entweder selbst gar nicht zu sprechen gekommen wäre oder den er als nicht zur Sprache gehörig aus dem Gegenstand der Vernehmung ausgeschieden hätte. Für den Fall der Bejahung der Schuldfrage hätte aber eine Strafermäßigung in Betracht gezogen werden müssen. Die Angeklagte hatte sich damit verteidigt, daß sie befürchtet habe, ihre Aussage könne zur Kenntnis ihres Arbeitgebers gelangen und dieser würde sie entlassen, wenn er erführe, daß sie keine regelrechte Fachausbildung genossen habe. Hienach bestand die Möglichkeit, daß die Angeklagte, um ihre Einstellung zu erlangen, ihrem Arbeitgeber falsche Vorspiegelungen über ihre Ausbildung gemacht hatte. Darin konnte ein Vergehen des Betrugs liegen, sei es, daß der Arbeitgeber der Angeklagten höhere Bezüge bewilligte, als sie für eine Bewerberin ohne die behauptete Vorbildung üblich waren, sei es, daß er die Angeklagte ohne die falsche Vorspiegelung überhaupt nicht eingestellt hätte, da er nach den Bestimmungen seiner Innung sie bei Bekanntwerden ihrer mangelnden Fachbildung wieder entlassen mußte. Aber auch wenn eine Vermögensbeschädigung beim Arbeitgeber nicht nachzuweisen war, blieb noch die Möglichkeit eines Betrugsversuchs offen; hiefür genügte, wenn die Angeklagte eine Vermögensschädigung irrigerweise als möglich annahm und für diesen Fall auch wollte. Durch die Angabe der Wahrheit hätte also die Angeklagte sich eine Verfolgung wegen dieser Straftat zuziehen können. Ein Rücktritt vom Versuch wäre in der Angabe der Wahrheit nicht zu erblicken gewesen. Ob die Angeklagte an die Möglichkeit einer Verfolgung dachte, war ohne Belang. (III, 13. April 1931.) Amtl. Sammlg. S. 273—276.

Vgl. Bd. 16 S. 1; Bd. 25 S. 5; Bd. 41 S. 373; Bd. 42 S. 49, 93; Bd. 49 S. 16; Bd. 51 S. 204; Bd. 54 S. 37, 117; Bd. 58 S. 295; Bd. 62 S. 147, 405; Bd. 64 S. 33, 104.

79. Gerichtsvollzieher. Zeitungsanzeige. Preisnachlaß. Betrug. Untreue. Bestechung. (StGB. §§ 263, 266, 331, 332.) Ein Gerichtsvollzieher erhielt von den Zeitungen, in denen er seine Anzeigen veröffentlichte, Preisnachlaß. Diesen behielt er für sich, während er seinen Auftraggebern den ungekürzten Preis der Anzeige in Rechnung stellte. Er wurde wegen Bestechung verurteilt. Seine Revision führte zur Zurückverweisung. Die Bestechung setzt einen auf das Abkaufen der Amtshandlung gerichteten Vertrag voraus. Es mußte also Willensübereinstimmung zwischen dem Zeitungsverlag und dem Gerichtsvollzieher dahin bestanden haben, daß der Preisnachlaß dem Gerichtsvollzieher als Gegenleistung dafür verbleiben sollte, daß er bei der Auswahl der Zeitungen für die Aufgabe dienstlicher Anzeigen gerade diese Zeitung berücksichtigte. Daß dies zutraf, war nicht festgestellt. Dagegen konnte möglicherweise in dem Verhalten des Angeklagten ein Betrug zu finden sein, wenn er durch sein Schweigen über die ihm bewilligten Preisnachlässe wahre Tatsachen unterdrückte, um sich gegen den berechtigten Anspruch seiner Auftraggeber auf Herausgabe der erlangten Beträge zu schützen; auch Untreue konnte vorliegen, wenn der Gerichtsvollzieher durch eigenmächtige Verfügung über die ersparten Beträge die Ansprüche seiner Auftraggeber auf Herausgabe der Preisnachlässe vereitelte. Daran konnte auch der Umstand nichts ändern, daß die Auftraggeber für sich allein die Preisnachlässe nicht hätten erlangen können, daß diese vielmehr nur durch die Zusammenfassung mehrerer Geschäfte durch den Gerichtsvollzieher ermöglicht wurden. (III, 23. April 1931.)

Amtl. Sammlg. S. 277—278.

Vgl. Bd. 61 S. 228.

80. Waffenmißbrauch. Politischer Zweck. Tateinheit. Gesetzeseinheit. Gemeinsames Erscheinen. (WaffMißbrVO. vom 25. Juli 1930 § 3; SchußwG. §§ 15, 25; StGB. § 73.) Zwei Männer gingen zusammen über die Straße, um an einer politischen Versammlung teilzunehmen, die an einem nicht öffentlichen Orte stattfinden sollte. Sie wurden unterwegs angehalten und durchsucht; hiebei ergab sich, daß einer von ihnen eine Schußwaffe bei sich hatte. Seine Verurteilung wegen Waffenmißbrauchs wurde vom Reichsgericht nicht bestätigt. Nach der Fassung der Verordnung muß der Bewaffnete gemeinsam mit anderen erschienen sein; dafür, daß schon das Erscheinen zu zweit genügt, lassen sich keine sicheren Anhaltspunkte aufstellen. Die Verordnung bezweckt, das bandenmäßige Auftreten Bewaffneter als besonders verwerflichen Auswuchs im politischen Kampf der Zeit zu unterdrücken; Wortlaut und Zweck zusammengenommen ergeben als Willen des Gesetzgebers und erkennbaren Ausdruck des Gesetzes, daß der Tatbestand nur dann erfüllt ist, wenn außer dem bewaffneten Täter mindestens zwei Personen zu politischen Zwecken erscheinen. Fraglich war auch, ob der Angeklagte zu politischen Zwecken an öffentlichen Orten erschienen war. Erscheinen bedeutet so viel wie: für andere erkennbar werden; es bezieht sich jedoch nach der Fassung der Vorschrift nur auf das gemeinsame Auftreten, nicht auf die Bewaffnung. Hiernach muß objektiv und nach der Vorstellung des Täters schon an dem öffentlichen Ort, an dem er mit anderen erscheint, ein politischer Zweck irgendwie, sei es nur durch das gemeinsame Erscheinen, nach außen sichtbar werden, mag auch der politische Zweck sich hierin noch nicht erschöpfen. Entscheidend ist das gemeinsame Auftreten Mehrerer als sichtbare Äußerung politischen Willens oder politischer Gesinnung. Für den Fall der Verurteilung war Tateinheit zwischen diesem Vergehen und einer Verletzung des Schußwaffengesetzes anzunehmen. Die Verordnung über den Waffenmißbrauch verbietet jedes bewaffnete Erscheinen, auch dem, der sonst eine Schußwaffe führen darf; das Schußwaffengesetz verbietet eine Waffenführung außerhalb von Räumlichkeiten, die nicht rechtsnotwendig nichtöffentliche Orte sein müssen. Die beiden Tatbestände decken sich also nicht vollständig, sondern überschneiden einander. (III, 23. April 1931.) Amtl. Sammlg. S. 278—281.

Vgl. Bd. 16 S. 173.

81. Betrug. Vermögensbeschädigung. Öffentliche Anstellung. (StGB. § 263.) Ein ehemaliger Polizeiwachtmeister, der wegen Amtspflichtverletzung und unwürdigen Verhaltens aus seiner Stellung fristlos entlassen worden war, erhielt auf Grund eines Empfehlungsschreibens, das er selbst fälschlich angefertigt hatte, in einer anderen Stadt wieder eine Anstellung. Damit war der Tatbestand des Betrugs erfüllt. Auch wenn durch Verleihung einer Beamtenstelle ein öffentlich-rechtliches Verhältnis begründet wird, finden die Grundsätze über Vermögensbeschädigung bei Eingehung eines gegenseitigen Vertrags im allgemeinen Anwendung. Zwischen dem durch die Anstellung eines Beamten begründeten Dienstverhältnis und einem reinen Dienstvertrag besteht eine Ähnlichkeit. Ein wesentlicher Unterschied ist allerdings darin begründet, daß man beim Dienstvertrag, um eine Vermögensbeschädigung annehmen zu können, den Wert der zu leistenden Dienste mit dem Werte der Verpflichtung zur Gegenleistung vergleichen muß, während dieser Gesichtspunkt bei einer öffentlichen Anstellung nicht Platz greifen kann; hier handelt es sich um ein auf die Dauer eingegangenes Treueverhältnis, bei dem der Beamte seine ganze Persönlichkeit hingibt und die anstellende Körperschaft dafür die Fürsorge für den Beamten in beamtenrechtlichem Sinne übernimmt. Für die Eingehung eines so gestalteten Verhältnisses ist aber unerläßliche Voraussetzung, daß der Anzustellende nicht nur den hinsichtlich seiner Vorbildung und seiner Leistungen für das zu bekleidende Amt an ihn zu stellenden Anforderungen genügt, sondern daß er vor allem seiner ganzen Persönlichkeit nach, insbesondere auch bezüglich seiner Zuverlässigkeit und in sittlicher Hinsicht untadelig dasteht. Erschleicht eine hiernach untaugliche Person ihre Anstellung als öffentlicher Beamter, so besteht der Vermögensschaden des Staates oder der Gemeinde darin, daß diese die beamtenrechtliche Fürsorge, also vermögensrechtliche Leistungen, übernehmen, auf der anderen Seite aber wegen der Untauglichkeit der angestellten Person für die Amts-

stelle überhaupt keinen Gegenwert erhalten. (III, 27. April 1931.) Amtl. Sammlg. S. 281—283.
Vgl. Bd. 16 S. 1.

82. Branntweinmonopol. Beihilfe zur Monopolhehlerei. Einziehung. Werterſatz. (StGB. § 49; RAbgO. §§ 361, 365, 368; BranntwMonG. §§ 128, 147.) Wegen gewinnsüchtiger Beihilfe zur Monopolhehlerei erkannte das Schöffengericht auf eine Strafe und auf Werterſatz. Das Landgericht verurteilte nur wegen einfacher Monopolhehlerei und brachte den Werterſatz in Wegfall. Das erklärte das Reichsgericht für rechtsirrig. Wird die Beihilfe zu einer Steuerzuwiderhandlung des eigenen Vorteils wegen begangen, so ist sie nicht nach den Vorschriften des Strafgesetzbuchs über die Beihilfe zu bestrafen, sondern in der gleichen Weise wie die Täterschaft; fehlt das Merkmal der Gewinnsucht, so greifen die Vorschriften des Strafgesetzbuchs Platz. Auch in diesem Fall ist aber auf Einziehung oder, falls dies nicht möglich ist, auf Werterſatz zu erkennen. Einziehung und Werterſatz sind Nebenstrafen, die auch den Gehilfen treffen. Eine Strafermäßigung kann hiebei nicht Platz greifen, da der Werterſatz lediglich an die Stelle der Einziehung tritt und bei dieser für eine Minderung kein Raum ist. Für die neue Verhandlung wies das Reichsgericht darauf hin, daß zufolge der durch die Anpassungsverordnung vom 20. November 1925 vorgenommenen Streichung des § 378 RAbgO. der Werterſatz in eine Ersatzfreiheitsstrafe umzuwandeln ist. (III, 30. April 1931.) Amtl. Sammlg. S. 283—285.
Vgl. Bd. 50 S. 336; Bd. 57 S. 62; Bd. 60 S. 244; Bd. 62 S. 49; Bd. 63 S. 278; Bd. 65 S. 81.

83. Kleinkrafträder. (KraftFahrzG. § 27; KraftFahrzVO. § 50.) Die Strafvorschrift des § 50 Abs. 1 KraftFahrzVO. ist rechtsgültig. Sie beruht auf der im § 27 KraftFahrzG. der Reichsregierung uneingeschränkt erteilten Ermächtigung zum Erlaß von Anordnungen über den Verkehr mit Kleinkrafträdern. Eine Verkehrsregelung auf diesem Gebiete wäre wirkungslos, wenn die Beachtung und Durchführung der Anordnungen nicht durch Strafen erzwungen werden könnte. Allerdings dürfen nur Strafen angedroht werden, die bis zum Erlaß des Gesetzes vom 21. Juli 1923 im § 21 KraftFahrzG. vorgesehen waren. Innerhalb dieses Rahmens hält sich die Verordnung. (III, 30. April 1931.) Amtl. Sammlg. S. 285—287.

84. Tabaksteuer. Verjährung. Vermutung. Anzeigepflicht. (RAbgO. §§ 359, 384, 391, 406, 433; TabStG. a. F. §§ 56,

59, 70, 78, 80; StGB. §§ 2, 68; RG. vom 22. Dezember 1929 Art. VI Nr. 12.) Ein Tabakwarenhändler bezog im Dezember 1924 einen großen Posten Zigaretten, die mit minderwertigen und nicht vorschriftsmäßig angebrachten Steuerzeichen versehen waren. Einen Teil davon verkaufte er noch im Dezember 1924. Der Rest wurde bei ihm in Beschlag genommen. Der Mangel der Steuerzeichen war in keinem Fall behoben worden; auch eine Anzeige an die Steuerbehörde war nicht erfolgt. Am 10. Januar 1925 verfügte das Hauptzollamt München die Einleitung der Untersuchung. Am 29. Januar 1925 fand die Hauptverhandlung statt; diese wurde vertagt, da das Hauptzollamt das Verfahren auch auf andere Personen ausdehnen wollte. Die Sache verzögerte sich. Am 10. Januar 1928 ersuchte das Amtsgericht das Hauptzollamt um Auskunft und um Übersendung der Akten. Das Verfahren wurde dann gegen einen Mitbeschuldigten weitergeführt. Am 2. November 1928 wurde gegen diesen ein Strafbescheid erlassen. Das Schöffengericht und Landgericht verurteilten ihn. Das Reichsgericht stellte das Verfahren wegen Verjährung ein. Die Frage der Verjährung war nach § 78 TabStG. älterer Fassung zu beurteilen, da Art. VI Nr. 12 des Reichsgesetzes vom 22. Dezember 1929 und § 384 Abs. 1 RAbgO. nach § 2 StGB. als die strengeren Gesetze außer Acht zu bleiben hatten. Demgemäß hatte es bei der Verjährungsfrist von drei Jahren sein Bewenden. Begangen war die strafbare Handlung bei den veräußerten Zigaretten mit ihrem Verbringen in den Gewahrsam der Käufer, bei den im Gewahrsam des ersten Angeklagten verbliebenen Zigaretten auf alle Fälle bei ihrer Beschlagnahme durch die Steuerbehörde. Die Auffassung, daß bei Tabaksteuerhinterziehungen, die in einer unterlassenen Anbringung von zutreffenden Steuerzeichen oder der Unterlassung einer Anmeldung bestehen, die Verjährung erst beginnt, wenn die Verpflichtung zur Vornahme dieser Handlungen weggefallen ist, erklärte das Reichsgericht für irrig. Auch im Falle des § 59 Nr. 11 TabStG. wird die Hinterziehung nicht durch die Unterlassung der im § 47 vorgeschriebenen Anzeige begangen; diese Unterlassung ist nur eine Beweistatsache, an welche das Gesetz die Vermutung des Vorsatzes und des Erfolgs der Hinterziehung knüpft. Bis zur Entkräftung dieser Vermutung soll ein Händler, der diesen Tatbestand verwirklicht, so angesehen werden, als habe er eine Verkürzung der Tabaksteuer bewirkt. Nach Weggabe der veräußerten Zigaretten und Beschlagnahme des Restbestandes bestand übrigens eine Anzeigepflicht des ersten Angeklagten nicht mehr, da sie begründet und begrenzt wird durch den Gewahrsam von Waren ohne zutreffendes Steuerzeichen. Demgemäß hatte die Verjährung der Hinterziehung der Tabaksteuer schon im Dezember 1924 begonnen. Sie war unterbrochen worden durch die vom Hauptzollamt am 10. Januar 1925 verfügte Einleitung der Untersuchung. § 384 Abs. 2 RAbgO. hat auch eine verfahrensrechtliche Tragweite und wurde daher nicht von den strafrechtlichen Vorbehalten in den §§ 451—453 RAbgO. betroffen; die Vorschrift war vielmehr schon vor dem Tabaksteuergesetz vom 22. Dezember 1929 in Tabaksteuerstrafsachen anwendbar. Vom 10. Januar 1925 an lief also eine neue Verjährung von drei Jahren. Ihr Ende erreichte sie mit Ablauf des 9. Januar 1928; die Anfrage des Amtsgerichts vom 10. Januar 1928 konnte sie also nicht mehr unterbrechen. Sie war auch nicht durch den Vertagungsbeschluß vom 10. Januar 1925 unterbrochen worden, weil dieser nur das Verfahren gegen den ersten Angeklagten betraf; das erging, um das Verfahren auch auf andere Teilnehmer auszudehnen, machte ihn noch nicht zu einer gegen den zweiten Angeklagten vorgenommenen richterlichen Handlung. Auch ein Ruhen der Verjährung kam nicht in Frage; die Entscheidungen der Finanzgerichte und des Reichsfinanzhofs, die in der Sache ergingen, hinderten den Lauf der Verjährung nicht, da das nur für eine Anrufung des Reichsfinanzhofs durch den Strafrichter vorgesehen ist. (II, 4. Mai 1931.)

Amtl. Sammlg. S. 287—291.

Vgl. Bd. 55 S. 10; Bd. 56 S. 406; Bd. 57 S. 212, 376; Bd. 62 S. 212.

85. Verbrauch der Strafklage. Ne bis in idem. Einstellung wegen Geringfügigkeit. Beschränkte Rechtskraft. (StPO. §§ 153, 211, 264.) Wegen fahrlässiger Eidesverletzung durch Verschweigen des Besitzes von Kleidungsstücken in einem Offenbarungseid wurde das Hauptverfahren eröffnet; in der Hauptverhandlung wurde das Verfahren wegen Geringfügigkeit der Sache eingestellt. Nach einiger Zeit wurde gegen den Angeklagten neuerdings ein Verfahren eingeleitet, weil er in dem gleichen Offenbarungseid das Bestehen von Forderungen verschwiegen hatte. Er wurde wegen Meineids verurteilt. Seine Revision hatte keinen Erfolg. Allerdings können auch Beschlüsse, durch welche ein Verfahren eingestellt wird, den Verbrauch der Strafklage zur Folge haben; das gilt aber keineswegs für alle unanfechtbaren Beschlüsse in einem Strafverfahren. Bei der

Einstellung eines Verfahrens wegen Geringfügigkeit der Sache handelt es sich nur um eine Ermächtigung des Gerichts, von einer den Prozeßgegenstand in seiner Gesamtheit erledigenden Sachentscheidung abzusehen. Ein solcher Beschluß stellt eine den Prozeßgegenstand nicht erschöpfende, wesentlich formelle Einstellung dar, die auf Grund eines vorläufigen Beweises die aus rechtspolitischen Gründen wünschenswerte Ausscheidung von Bagatellsachen zum Gegenstand hat. Er hat nur die Bedeutung, daß der Angeklagte keine den Prozeßgegenstand erschöpfende Sachentscheidung, der Staatsanwalt aber bei unveränderter Rechtsgrundlage keine nochmalige Prüfung der auf dem Gebiete des Ermessens liegenden Voraussetzungen der Geringfügigkeit der Schuld und der Folgen verlangen kann. In diesem Umfang besteht eine beschränkte Rechtskraft. Diese entfällt ohne weiteres, wenn sich herausstellt, daß kein Vergehen, sondern ein Verbrechen vorliegt; bei Verbrechen ist eine Einstellung wegen Geringfügigkeit nach den klaren Worten des Gesetzes ausgeschlossen. (I, 8. Mai 1931.) Amtl. Sammlg. S. 291—294.

Vgl. Bd. 46 S. 69; Bd. 56 S. 253, 351; Bd. 62 S. 154.

86. Tagebuch. Urkundenbeweis. (StPO. §§ 249, 250, 251, 256.) Bei der Durchsuchung einer Wohnung wurde ein Tagebuch, das die Frau des Beschuldigten in Kurzschrift geführt hatte, gefunden und in Beschlag genommen. In der Hauptverhandlung, in der auch die Verfasserin des Tagebuchs angeklagt war, wurden Teile dieses Buches trotz Widerspruchs der Angeklagten verlesen. Das war zulässig. Urkunden gehören mit gewissen Einschränkungen zu den im Strafverfahren zulässigen Beweismitteln. Soweit durch die Beweiserhebung der Inhalt einer Urkunde festgestellt werden soll, ist sie zu verlesen. Damit wird festgestellt, daß eine Urkunde dieses Inhalts vorhanden ist; welche Schlüsse aus dieser Tatsache zu ziehen sind, unterliegt der freien Beweiswürdigung. Unzulässig ist die Verwertung des Inhalts von Urkunden bei Leumundszeugnissen oder wenn dadurch die mündliche Vernehmung einer Person umgangen werden soll. Das kam hier nicht in Frage. Was die Angeklagte in ihren Aufzeichnungen niedergelegt hatte, konnte kaum anders, jedenfalls nicht zuverlässiger und unmittelbarer als durch die Aufzeichnungen selbst dargelegt werden. Daß das Tagebuch von ihr herrührte, hatte sie nicht bestritten. (II, 11. Mai 1931.)

Amtl. Sammlg. S. 294—296.

Vgl. Bd. 59 S. 100; Bd. 60 S. 169; Bd. 61 S. 72.

87. Gesamtstrafe. Nebenstrafe. Rechtsmittelbeschränkung. (StGB. §§ 32, 76.) Das Schöffengericht hatte wegen vollendeten Betrugs in drei Fällen, wegen versuchten Betrugs in einem Fall und wegen Unterschlagung in einem Fall zu einer Gesamtstrafe von 10 Monaten Gefängnis und zum Verlust der bürgerlichen Ehrenrechte auf die Dauer von 2 Jahren verurteilt; die Festsetzung von Einzelstrafen war unterblieben. Gegen dieses Urteil legte der Angeklagte Berufung hinsichtlich der Nebenstrafe ein. Das Landgericht verwarf sie. Das Reichsgericht hob das Urteil im Strafausspruch auf. Die Beschränkung eines Rechtsmittels auf einen Teil der Entscheidung ist zulässig, soweit der angefochtene Teil losgelöst von dem nicht angefochtenen Teil einer selbständigen Prüfung und Beurteilung fähig ist, ohne ein erneutes Eingehen auf diesen anderen Teil notwendig zu machen. So kann die Straffrage von der Schuldfrage abgetrennt werden; auch im Rahmen der Straffrage kann noch eine Beschränkung auf einzelne Teile der Straffestsetzung eintreten. Das gilt auch für den Ausspruch von Nebenstrafen. Die nicht angefochtenen Teile erlangen in diesem Fall Rechtskraft und können für das weitere Verfahren nicht mehr in Zweifel gezogen werden. Die unzulässige Beschränkung des Rechtsmittels auf einen Teil des Urteils hat nicht die Folge, daß das Rechtsmittel wirkungslos ist; vielmehr muß in einem solchen Fall das Urteil auch wegen der dem angefochtenen Teil in der logischen Reihenfolge vorausgehenden Teile bis zu dem Teil als angefochten gelten, der eine selbständige Nachprüfung zuläßt. Die Aberkennung der bürgerlichen Ehrenrechte neben einer Gesamtstrafe ist zulässig, wenn sie auch nur neben einer der verwirkten Einzelstrafen zulässig ist. Neben Gefängnisstrafe kann auf Aberkennung der bürgerlichen Ehrenrechte nur erkannt werden, wenn die Dauer der Gefängnisstrafe drei Monate erreicht. Ob diese Vorschrift von dem Schöffengericht beachtet worden war, konnte nicht nachgeprüft werden, da es versäumt hatte, Einzelstrafen auszuwerfen. Unter diesen Umständen war die auf die Berufung hin vorzunehmende Nachprüfung nicht auf die Frage der Aberkennung der bürgerlichen Ehrenrechte beschränkbar; sie mußte sich vielmehr auf den Gesamtstrafausspruch erstrecken. (III, 11. Mai 1931.)

Amtl. Sammlg. S. 296—298.

Vgl. Bd. 33 S. 17; Bd. 47 S. 227; Bd. 51 S. 305; Bd. 54 S. 82; Bd. 58 S. 238.

88. Schöffenauslosung. (GVG. §§ 45, 48, 77; StPO. § 338.) Zur Hauptverhandlung über eine Berufungssache wurde eine außerordentliche Sitzung der Strafkammer auf den 20. Aug. 1930 anberaumt; hiefür wurden zwei Schöffen ausgelost. Der Termin wurde auf den 19. November 1930 verlegt; die Hauptverhandlung fand unter Mitwirkung der beiden für den 20. Aug. 1930 ausgelosten Schöffen statt. Das führte zur Aufhebung des Urteils. Die Schöffen sind für die einzelnen Sitzungstage auszulosen. Nur für diese Tage sind sie zur Dienstleistung berufen. Im Falle einer Verlegung des Termins sind neue Schöffen auszulosen. Die Strafkammer war also nicht vorschriftsmäßig besetzt. (I, 12. Mai 1931.) Amtl. Sammlg. S. 298—299.

89. Präsidialbeschluß. Schriftliche Abstimmung. (GVG. §§ 63, 64, 67; StPO. § 338.) Durch Präsidialbeschluß vom 24. Juni 1930 wurde ein Gerichtsassessor einer Strafkammer als Mitglied zugeteilt. Der Beschluß wurde nicht mündlich gefaßt, sondern am genannten Tage vom Präsidenten unterschrieben und bei den Mitgliedern des Präsidiums in Umlauf gesetzt. Am 3. Juli 1930 war er noch nicht von allen Mitgliedern unterschrieben. An diesem Tag wirkte der Gerichtsassessor in einer Hauptverhandlung mit. Die hierauf gestützte Revision hatte keinen Erfolg. Allerdings lag am 3. Juli 1930 ein Beschluß des Präsidiums noch nicht vor, da bei schriftlicher Abstimmung von einem solchen keine Rede sein kann, solange nicht alle Mitglieder des Präsidiums ihre Stimme abgegeben haben. Im Falle der Verhinderung des regelmäßigen Vertreters eines Mitglieds einer Strafkammer kann aber ein zeitweiliger Vertreter durch den Präsidenten bestimmt werden. Um einen solchen Fall handelte es sich hier, weil die Zuteilung des Gerichtsassessors durch das Ausscheiden eines anderen Gerichtsassessors notwendig geworden war. (II, 21. Mai 1931.) Amtl. Sammlg. S. 299—301.

90. Sozialversicherung. Beitragshinterziehung. Fortsetzungszusammenhang. Verbrauch der Strafklage. (StPO. §§ 211, 264; RVersO. §§ 533, 1492.) Ein Tischlermeister wurde verurteilt, weil er von 1926 bis 1928 einbehaltene Beträge seiner Gehilfen für die Invalidenversicherung nicht vorschriftsmäßig verwendet hatte. Das Urteil wurde rechtskräftig. Es wurde ein neues Verfahren gegen ihn wegen Nichtablieferung von einbehaltenen Krankenkassenbeiträgen während der gleichen Zeit eingeleitet. Das Schöffengericht nahm irrigerweise an, daß sich das frühere Urteil ebenfalls auf die Nichtablieferung von

Krankenkassenbeiträgen bezogen habe und sprach wegen Verbrauchs der Strafklage frei. Das Reichsgericht hob das durch Sprungrevision angefochtene Urteil auf. Auch bei Vorliegen eines Verbrauchs der Strafklage hätte nicht auf Freisprechung, sondern auf Einstellung des Verfahrens erkannt werden müssen, da das Urteil nur das Vorliegen eines Prozeßhindernisses feststellte. Das Urteil war aber auch darum aufzuheben, weil nicht geprüft worden war, ob zwischen den Straftaten, wie sie vorlagen, ein Fortsetzungszusammenhang möglich war. Diese Frage bejahte das Reichsgericht. Der Annahme eines einheitlich fortgesetzten Vergehens stand vor allem nicht entgegen, daß der Angeklagte nach und nach Beitragsteile verschiedener Arbeitnehmer abgezogen hatte; aber auch daß es sich um Beiträge zu verschiedenen Versicherungseinrichtungen gehandelt hatte, machte in dieser Hinsicht nichts aus. Krankenversicherung und Invalidenversicherung sind Teile der Reichsversicherung, die in Verfolgung eines einheitlichen Zweckes den Arbeitnehmer für den Fall vorübergehender oder dauernder, teilweiser oder völliger Arbeitsunfähigkeit auf der nach dem Lohn berechneten, zum Teil ihm vom Lohn abgezogenen, zum anderen Teil vom Arbeitgeber aufzubringenden Beiträge sicherstellen und ihm einen Anspruch auf die im Gesetz bestimmten Leistungen der Versicherung gewähren. Für beide Versicherungen bestehen dieselben Versicherungsbehörden, auch gemeinsame Vorschriften; beide sind einander durchaus wesensähnlich. Durch die §§ 533, 1492 RVersO. werden in gleicher Weise Arbeitnehmer dagegen geschützt, daß Arbeitgeber ihrer Beitragsanteile nicht bestimmungsgemäß für die Versicherung verwenden; die gleichen Vorschriften schützen auch die Versicherungsträger gegen Verkürzung ihrer Einnahmen. Die Beiträge fließen zwar in die Vermögen verschiedener Versicherungsträger; das ist aber mit der Annahme vereinbar, daß durch die Vorenthaltung der Beiträge für beide Versicherungen dasselbe Rechtsgut verletzt wird. Daß sich mehrere gleichartige Vergehen gegen verschiedene Personen richten, schließt die für den Fortsetzungszusammenhang erforderliche Einheit des verletzten Rechtsguts nur dann aus, wenn höchstpersönliche Rechtsgüter in Frage stehen. Das trifft hier nicht zu. Ebenso steht der Annahme eines Fortsetzungszusammenhangs nicht entgegen, daß die strafbare Handlung zwei verschiedenen Strafbestimmungen unterstellt wird. Beide Vergehen zeigen gleichartige Begehungsformen; auch sind die Strafbestimmungen im wesentlichen gleichartig. Daß die Beiträge für die Krankenversicherung in bar und jene für die Invalidenversicherung durch Verwendung von Marken zu entrichten sind, bedeutet keinen wesentlichen Unterschied. Die Möglichkeit eines Fortsetzungszusammenhangs ist bei der Hinterziehung von untereinander wesensfremden Steuern (Einkommen- und Umsatzsteuer) verneint worden; damit war aber die vorliegende Sachlage nicht zu vergleichen. Ob tatsächlich Fortsetzungszusammenhang bestand, war noch zu prüfen; die Sache wurde deshalb zurückverwiesen. (II, 4. Juni 1931.)

Amtl. Sammlg. S. 301—304.

Vgl. Bd. 18 S. 317; Bd. 55 S. 129; Bd. 56 S. 323; Bd. 57 S. 199; Bd. 58 S. 258, 281.

91. Beweisaufnahme. Herbeigeschaffte Beweismittel. Prozeßverschleppung. Filmstreifen. (StPO. § 245.) Zu einer Verhandlung brachte der Angeklagte 52 Zeugen mit und beantragte ihre Vernehmung; weiter legte er einen Filmstreifen vor und beantragte, diesen vorführen zu dürfen. Beide Anträge lehnte das Gericht ab. Das führte zur Aufhebung des Urteils. Die Prozeßbeteiligten haben das unbedingte Recht darauf, daß von den herbeigeschafften Beweismitteln ihrem Verlangen gemäß Gebrauch gemacht werde. Die Erstreckung der Beweisaufnahme auf solche Beweismittel darf insbesondere nicht mit der Begründung abgelehnt werden, daß das, was durch sie bewiesen werden soll, für unerheblich zu erachten sei oder als wahr gelten könne. Der Gebrauch der herbeigeschafften Beweismittel kann im Gegensatz zu der Anschauung des Gerichts, auch wenn diese auf einer sorgfältigen Würdigung beruht, doch unerwarteterweise etwas ergeben, das erheblich ist. Nur dann kann von der Erhebung der Beweise ohne die Zustimmung des Angeklagten und des Staatsanwalts abgesehen werden, wenn feststeht, daß der Gebrauch der Beweismittel zur Verfolgung eines Zweckes verlangt wird, der vom Zweck des Strafverfahrens abweicht. Dem mißbräuchlichen Verlangen der Erhebung von Beweisen über eine Tatsache, die überhaupt in keiner Beziehung zu der Untersuchung steht, darf das Gericht ebenso entgegentreten, wie einem Unternehmen, das offensichtlich darauf abzielt, die Urteilsfällung hintanzuhalten oder sonst einen der Sachgestaltung ferneliegenden Erfolg herbeizuführen. Doch müssen hier strenge Anforderungen an die Prüfung und Begründung durch das Gericht gestellt werden, da es unmöglich ist, scharfe Grenzen zwischen den Tatsachen zu ziehen, die nicht zur Sache gehören, und denen, die nur unerheblich erscheinen.

Das Gesetz vom 27. Dezember 1926 hat darum bestimmt, daß eine Beweiserhebung abgelehnt werden kann, wenn sie zum Zwecke der Prozeßverschleppung beantragt ist. Der Zweck der Prozeßverschleppung, dessen Nachweis stets eine besonders eindringende Erörterung seitens des Gerichts erfordert, kann aber nicht nur dann vorliegen, wenn der an sich mögliche Fortgang des Verfahrens ohne sachlichen Grund gehindert wird, sondern auch dann, wenn beabsichtigt ist, die Verhandlung für einen ungehörigen Nebenzweck zu mißbrauchen. Daß das Gericht die Vernehmung der Zeugen aus diesem Grunde abgelehnt hatte, war aus der Begründung des Beschlusses nicht zu ersehen; auch wenn solche Gedanken einen Einfluß auf die Entscheidung geübt hatten, mußten sie unbeachtet bleiben, weil sie nicht als Grund der ablehnenden Stellungnahme bekanntgegeben worden waren. Die Weigerung, den Filmstreifen vorführen zu lassen, hatte das Gericht damit begründet, daß die behauptete Tatsache unerheblich sei. Die Prüfung der Erheblichkeit mußte aber beiseite bleiben, nachdem der Filmstreifen dem Gericht als herbeigeschafftes Beweismittel zur Verfügung stand. Daß Lichtbilder als geeignete Beweismittel anzusehen sind, ist vom Reichsgericht wiederholt anerkannt worden. Ein durch das Licht vergrößert auf die Leinwand geworfener Filmstreifen kann für die Verhandlung über gewisse Vergehen oder Verbrechen wie Körperverletzung, Transportgefährdung, Brandstiftung u. dgl. großen Wert als Beweismittel haben. Es geht auch nicht an, in einem solchen Fall zu verneinen, daß das Urteil auf dem Verstoß beruht; jedenfalls muß das Revisionsgericht sich äußerste Zurückhaltung mit dem auf Rückschau beruhenden Ausspruch auferlegen, daß die Beweismittel, wenn Gebrauch von ihnen gemacht worden wäre, nichts Erhebliches ergeben hätten. Die Rückschau ist kaum minder unsicher als die Voraussicht. Will das Gesetz den auch bei größter Sorgfalt nicht ausgeschlossenen Fehler in der Voraussicht unterdrücken, so kann es nicht in seiner Absicht liegen, dem bei der Rückschau möglichen Fehler Raum zu geben. (II, 8. Juni 1931.)

Amtl. Sammlg. S. 304—308.

Vgl. Bd. 1 S. 225; Bd. 12 S. 335; Bd. 13 S. 151; Bd. 20 S. 206; Bd. 36 S. 56; Bd. 45 S. 138; Bd. 47 S. 236.

92. Geldstrafe. (StGB. § 27 b.) An Stelle einer Gefängnisstrafe wurde deshalb nicht auf eine Geldstrafe erkannt, weil angenommen wurde, daß für den Angeklagten dessen Partei die Strafe zahlen werde, so daß der Strafzweck nicht erreicht würde. Das wurde vom Reichsgericht gebilligt. Nur wenn der Strafzweck durch eine Geldstrafe in demselben Grad erreicht werden kann, darf statt der Freiheitsstrafe eine Geldstrafe ausgesprochen werden. Demgemäß ist von der Verhängung einer Geldstrafe abzusehen, wenn nach der Sachlage Zweifel besteht, ob die Geldstrafe vom Angeklagten getragen würde. (I, 9. Juni 1931.) Amtl. Sammlg. S. 308—310.

93. **Zollhinterziehung.** (RAbgO. § 433.) Vertragszollsätze kommen nur dann zur Anwendung, wenn gewisse Bedingungen erfüllt werden. Im Falle einer Zollhinterziehung ist daher der Geldstrafe nicht der Vertragszollsatz, sondern der allgemeine Zollsatz zugrundezulegen. (III, 15. Juni 1931.)

Amtl. Sammlg. S. 310—311.

94. **Steuerhinterziehung. Steuerhehlerei. Vorentscheidung. Vermutungstatbestand.** (RAbgO. § 433 [468].) Die Einholung einer Vorentscheidung des Reichsfinanzhofs ist nur bei Steuerhinterziehung, nicht aber bei Steuerhehlerei vorgeschrieben. Eine ausdehnende Auslegung ist abzulehnen. Im gegebenen Fall hatte sich der rechtskräftig gewordene Steuerbescheid des Finanzamts auf den Vermutungstatbestand gestützt, daß der Angeklagte als gewerbsmäßiger Händler unversteuerte Zigaretten im Gewahrsam gehabt hatte; das Gericht wäre also daher, selbst wenn § 433 RAbgO. zu beachten gewesen wäre, auch ohne Anrufung des Reichsfinanzhofs in der Lage gewesen, den Vermutungstatbestand dahin als widerlegt anzusehen, daß es an dem Hinterziehungsvorsatz gebreche und nur Hehlervorsatz vorliege. (III, 15. Juni 1931.) Amtl. Sammlg. S. 311—312.

Vgl. Bd. 57 S. 212; RFH. Bd. 13 S. 63.

95. **Zollhinterziehung. Tabaksteuerhinterziehung. Waffenschmuggel. Bandenschmuggel. Mindeststrafe. Tateinheit. Rechtsmittelbeschränkung.** (VZG. §§ 146, 148; RAbgO. §§ 359, 365, 453; RG. vom 22. Dezember 1929; StPO. § 263.) Gegen ein Urteil, das eine Strafe wegen bewaffneten Schmuggels aussprach, wurde Revision mit der Begründung eingelegt, daß die Strafverschärfung nach § 148 VZG. durch die mit Reichsgesetz vom 22. Dezember 1929 verfügte Streichung des § 453 RAbgO. aufgehoben worden sei. Das Reichsgericht erklärte diese Auffassung für unrichtig. Es handelt sich hier um einen Sondertatbestand des Zollstrafrechts, der von der Reichsabgabenordnung nicht erfaßt wird. Das gleiche ist schon für den Bandenschmuggel ausgesprochen worden. Die Neufassung des Vereinszollgesetzes vom 9. Januar 1931 enthält auch die hierauf bezüglichen §§ 146,

148 VZG. unverändert. Das Urteil wurde gleichwohl aufgehoben, weil es einen anderen Fehler enthielt. Die Frage, ob der Angeklagte bei der Ausübung des Schmuggels Waffen zum Widerstand gegen die Zollbeamten bei sich geführt hatte oder ob dies doch bis zum Beweis des Gegenteils anzunehmen war, betraf einen die Strafbarkeit erhöhenden Umstand, also einen untrennbaren Teil der Schuldfrage, auf dessen Anfechtung ein Rechtsmittel nicht wirksam beschränkt werden kann. Die Revision war also als unbeschränkt eingelegt anzusehen. Das gleiche hatte schon für die Berufung zu gelten; das Landgericht hätte demgemäß selbständige Feststellungen zur Schuld- und Straffrage treffen müssen. Für die neue Verhandlung bemerkte das Reichsgericht, daß die Berechnung der Mindeststrafe auf das Vierfache der Summe von Zoll- und Tabaksteuer keinen rechtlichen Bedenken unterliege. Werden auf einem Schmuggelgang Tabakzoll- und Tabaksteuer hinterzogen, so wird dadurch nicht mehreren Strafgesetzen zuwidergehandelt, sondern nur ein Strafgesetz verletzt. Es liegt nur eine einzige Straftat, eine Hinterziehung von Steuer nach §§ 1, 359 RAbgO. vor; der Umstand, daß diese Straftat die Vorenthaltung mehrerer Steuern zum Gegenstand hat, zeitigt nur die Wirkung, daß diese mehreren Steuern zusammenzurechnen sind und daß bei Berechnung der Mindeststrafe diese Summe zu vervierfachen ist. Gegen die Annahme einer einzigen Straftat kann nicht eingewendet werden, daß bei Hinterziehung von Zoll und Tabaksteuer zwei verschiedene Rechtsgüter verletzt werden. Auch bei Annahme von Tateinheit käme man zu dem gleichen Ergebnis, da gleichartige Idealkonkurrenz vorläge (mehrfache Verletzung desselben Gesetzes durch eine Handlung). Da für Tabaksteuerhinterziehung keine härtere Strafe angedroht ist als für Zollhinterziehung, durfte nicht für jede Straftat eine besondere Strafe verhängt werden, die Strafe brauchte auch nicht über das Mindestmaß hinausgehen. Aber auch bei Anwendung des Mindestmaßes wäre eine Strafe für alle zusammentreffenden Handlungen auszusprechen und der Betrag der Steuerverkürzung ergab sich aus dem Gesamterfolg, also aus der Summe von Zoll und Steuer. (III, 15. Juni 1931.)

Amtl. Sammlg. S. 312—316.

Vgl. Bd. 55 S. 155; Bd. 57 S. 4; Bd. 60 S. 109, 117; Bd. 64 S. 416; Bd. 65 S. 47.

96. Depotgesetz. Verwahrung hinterlegter Wertpapiere. (DepG. §§ 1, 10.) Bei einer Bank hinterlegte Wertpapiere waren nicht gesondert verwahrt worden; demzufolge konnten, als der Inhaber der Bank in Konkurs kam, die Berechtigten zum Teil ihr Aussonderungsrecht nicht nachweisen. Das genügte zur Verurteilung wegen Verletzung der Aufbewahrungspflicht. Es war nicht nötig, daß dieser Tatumstand vom Vorsatz des Täters umfaßt wurde. (I, 16. Juni 1931.)

Amtl. Sammlg. S. 315—316.

97. Urkundenfälschung. Zulassungsschein für Probefahrten mit Kraftfahrzeugen. (StGB. §§ 267, 268, 269; KraftFahrz.-VO. § 41.) Ein Zulassungsschein für Probefahrten wurde in der Weise ausgestellt, daß auf der einen Seite sich die polizeiliche Bestätigung befand, wonach der auf der anderen Seite beschriebene Kraftwagen für Probefahrten zugelassen sei, während die Ausfüllung der anderen Seite dem Eigentümer des Wagens überlassen wurde. Der Inhaber einer Kraftwagenhandlung ließ durch einen Angestellten diese Beschreibung wieder ausradieren und die Beschreibung eines anderen Wagens einsetzen. Das Landgericht erblickte eine Urkundenfälschung darin, daß der Angeklagte die von ihm unterzeichnete Beschreibung des Wagens in eine Blankourkunde zurückverwandelte. Das Reichsgericht erklärte das für rechtsirrig. Die Bestätigung der Polizei war keine fertige Urkunde und wollte es auch nicht sein, da sie auf die Beschreibung des Wagens durch den Eigentümer verwies; diese Beschreibung wurde aber zu einem formgerechten Bestandteil der Bestätigung und erwuchs mit dem übrigen Inhalt dieser öffentlichen Urkunde zu einem untrennbaren Ganzen. Es war auch schon in der Bestätigung selbst deren Gültigkeit von der Einsetzung und Unterzeichnung der Beschreibung abhängig gemacht; beide Bescheinigungen sollten einander ergänzen und insgesamt nur eine einzige öffentliche Urkunde bilden. Das Ausradieren der Beschreibung hatte keinen eigenen Zweck und keine selbständige strafrechtliche Bedeutung; es war nur eine Vorbereitung und ein Mittel zu der allein als Erfolg gewollten Verfälschung der ursprünglichen Bescheinigungen, die durch die Einfügung einer anderen Beschreibung vorgenommen werden sollte und auch vorgenommen wurde. (II, 18. Juni 1931.) Amtl. Sammlg. S. 316—318.

Vgl. Bd. 39 S. 31; Bd. 65 S. 49, 180.

98. Wegfall von Schöffen. Hilfsschöffen. (GVG. §§ 42, 49, 52, 53.) Der Hauptschöffe L. starb am 30. Mai 1930; der Vorsitzende der Strafkammer ordnete demgemäß für eine Sitzung, an der er hätte teilnehmen sollen, die Ladung des an der Reihe befindlichen Hilfsschöffen S. an. Nachher verfügte der Landgerichtspräsident, daß L. in der Liste der Hauptschöffen zu löschen sei und daß der Hilfsschöffe N., der an erster Stelle in der Liste der Hilfsschöffen stand, in die Liste der Hauptschöffen zu übertragen sei. Hiebei war übersehen worden, daß N. schon vorher für einen anderen ausgeschiedenen Hauptschöffen eingetreten und in die Liste der Hauptschöffen übernommen worden war. Der Vorsitzende der Strafkammer beließ es bei der Ladung des S. Das führte zur Aufhebung des Urteils. Die Hilfsschöffen haben entweder für den ganzen Dienst eines wegfallenden Schöffen oder für einzelne Sitzungen einzutreten. Fällt ein auf der Jahresliste stehender Hauptschöffe dauernd für das ganze Geschäftsjahr oder für den ganzen Rest des Geschäftsjahres weg, so hat ein Hilfsschöffe für den ganzen noch übrigen Jahresdienst an seine Stelle zu treten; dieser ist aus der Jahresliste der Hilfsschöffen in jene der Hauptschöffen zu übertragen. Maßgebend ist die Reihenfolge der Jahresliste, ohne Rücksicht darauf, ob der Hilfsschöffe schon einmal für einen zeitweilig verhinderten Hauptschöffen eingetreten ist. Die Ersetzung tritt kraft Gesetzes ein; einer besonderen Anordnung durch den Landgerichtspräsidenten oder den Vorsitzenden der Strafkammer bedarf es nicht. Da der Hilfsschöffe N. schon in die Liste der Hauptschöffen übertragen worden war, hätte der Hilfsschöffe, der in der Liste der Hilfsschöffen an zweiter Stelle stand, in diese Liste übertragen und an Stelle des verstorbenen Hauptschöffen L. berufen werden müssen. (II, 18. Juni 1931.)

Amtl. Sammlg. S. 319—321.

99. Vorbereitung der Hauptverhandlung. Ablehnung von Beweisanträgen wegen Unerheblichkeit. (StPO. § 221.) In einer sehr umfangreichen Sache wegen Betrugs zum Schaden der Reichsbahn hob das Reichsgericht das Urteil auf und verwies die Sache an ein benachbartes Landgericht zurück. Der Vorsitzende der Strafkammer verhandelte sowohl mit Vertretern der Reichsbahn als auch mit den Verteidigern eingehend über die Durchführung der Hauptverhandlung, nahm Buchauszüge, Aufstellungen und Urkunden von beiden Seiten entgegen und besprach sich mit Personen, die als Sachverständige benannt waren, um sich zu vergewissern, ob sie zur Stellung eines Gutachtens bereit seien und welche Zeit ihnen dafür gelegen wäre. Das Reichsgericht verwarf die hierauf gestützte Revision der Angeklagten. Allerdings war der Vorsitzende in einer Weise tätig geworden, wie der Untersuchungsrichter in der Voruntersuchung tätig werden kann und soll. Was aber in der Voruntersuchung nicht geschehen ist, weil damals das Bedürfnis nicht hervortrat, darf in dem Verfahrensabschnitt nachgeholt werden, in dem grundsätzlich die Entschließung des Vorsitzenden maßgebend ist. Es kann insbesondere nicht gesagt werden, daß die Vernehmung des auf freiem Fuß befindlichen Angeklagten oder eines Zeugen oder Sachverständigen oder der sonstige mündliche oder schriftliche Verkehr des Vorsitzenden mit diesen Personen den Grundabsichten der Strafprozeßordnung zuwiderläuft. In einfachen Fällen mag das Bedürfnis nach einem derartigen Verkehr selten hervortreten; außergewöhnliche Fälle erfordern aber außergewöhnliche Maßnahmen. Nachteilige Einflüsse, die aus einer solchen vorbereitenden Tätigkeit hervorgehen könnten, kann ein gewissenhaft arbeitender, nur auf die Aufdeckung der Wahrheit bedachter Vorsitzender ausschalten; auch sind die Angeklagten ausreichend mit Befugnissen und Rechtsbehelfen ausgestattet, um darauf hinzuwirken, daß ihnen eine solche Vorbereitung nicht zum Schaden gereicht. Äußerstenfalls können sie den Vorsitzenden ablehnen, wenn sie die Besorgnis hegen, daß eine Unparteilichkeit durch die vorbereitende Tätigkeit beeinträchtigt sei. In der Hauptverhandlung hatte das Gericht einen Beweisantrag mit der Begründung abgelehnt, daß es die Wahrheit der behaupteten Tatsache annehme; in den Urteilsgründen dagegen bezeichnete es die Tatsache als unerheblich. Auch die hierauf gestützte Revision hatte keinen Erfolg. Im Laufe der Verhandlung läßt sich vielfach noch kein endgültiges Urteil darüber fällen, welche Tatsachen erheblich, d. h. geeignet sind, in Verbindung mit anderen Tatsachen den gesetzlichen Tatbestand zu erfüllen oder seiner Erfüllung den Boden zu entziehen oder die Strafbarkeit auszuschließen oder zu vermindern oder zu erhöhen oder einen Beitrag für die Zusammenfassung der Strafe zu liefern oder den Schluß auf eine Tatsache zu begründen, der eine dieser Wirkungen zukommt. Deshalb kann die Ablehnung eines Beweisantrags auf Unerheblichkeit der behaupteten Tatsache nur dann gestützt werden, wenn das Gericht schon zur Zeit der Entschließung über den Antrag davon überzeugt ist, daß ein Zusammenhang zwischen der behaupteten Tatsache und dem abzuurteilenden Ereignis überhaupt nicht bestehe oder daß diese Tatsache ungeachtet eines solchen Zusammenhangs die zu treffende Entscheidung keinesfalls zu beeinflussen vermöge. Die Voraussetzung der Wahrunterstellung ist anders geartet. Sie greift auch Platz, solange mit der Möglichkeit eines von der behaupteten Tatsache ausgehenden Einflusses auf die Entscheidung gerechnet wird. Als ihr Grund dient die Erwägung, daß es überflüssig ist, Beweis zu erheben, wenn das Gericht entweder dem Vorbringen des Angeklagten ohne weiteres Glauben beimißt oder dieses als unwiderlegbar ansieht. Ergibt sich dann nach Schluß der Verhandlung bei der Urteilsfindung, daß der als wahr unterstellten Tatsache keine Bedeutung für die Entscheidung zukommt, daß sie also unerheblich ist, so ist das Gericht doch nicht verbunden, die Verhandlung wieder zu eröffnen und den Beteiligten seine Erkenntnis von der Unerheblichkeit der Tatsache zu offenbaren. (II, 14. Juni 1931.) Amtl. Sammlg. S. 322—330.

Vgl. Bd. 60 S. 322.

100. Branntweinmonopol. Hinterziehungsabsicht. Vorsatz. (BranntwMonG. §§ 120, 121.) Der Eigentümer einer Verschlußbrennerei verfügte über den unter amtlicher Überwachung stehenden Branntwein fortgesetzt in unbefugter Weise. Er wurde zu Gefängnisstrafe verurteilt. Das Reichsgericht verwies die Sache zurück. Die Verurteilung zu Gefängnisstrafe ist zulässig, wenn die Handlung in der Absicht der Hinterziehung begangen worden ist. Absicht ist etwas anderes als Vorsatz. Wenn auch ältere Gesetze die beiden Begriffe nicht streng auseinandergehalten haben, so trifft das doch für neuere Gesetze nicht mehr zu. Absicht der Hinterziehung liegt nur dann vor, wenn die Hinterziehung den angestrebten Erfolg der Handlung bildet, der Wille des Täters also gerade auf die Hinterziehung gerichtet ist. Das war nicht festgestellt. (II, 2. Juli 1931.)

Amtl. Sammlg. S. 331—333.

Vgl. Bd. 61 S. 92; Bd. 62 S. 78, 246; Bd. 63 S. 278.

101. Pfleger. Vertreter. Untreue. Interessenwiderstreit. Irrtum. (StGB. §§ 59, 266; BGB. §§ 181, 1795, 1915.) Ein Pfleger verwendete mit Genehmigung des Vormundschaftsgerichts Mündelgelder in seiner Fabrik. Sie gingen zufolge seines Vermögensverfalls verloren. Er wurde wegen Untreue verurteilt. Das Reichsgericht verwies die Sache zurück. Das Wesen der Untreue besteht in der mißbräuchlichen Ausnutzung der Vertretungsmacht zum Nachteil des Vertretenen. Daran fehlt es, wenn der Täter als Schuldner seines Mündels es lediglich unterließ, seine Schuld an diesen abzutragen oder sicherzustellen; hier handelt es sich um ein Unterlassen des Täters als Schuldner, nicht als Pfleger. Die Stellung als Pfleger gebot

dem Angeklagten allerdings dafür Sorge zu tragen, daß die Forderungen seines Mündels gegen dessen Schuldner verfolgt wurden; er machte sich aber keines Mißbrauchs seiner Vertretungsmacht dadurch schuldig, daß er es in seiner Eigenschaft als Pfleger unterließ, gegen sich selbst in seiner Eigenschaft als Schuldner vorzugehen. Das hätte er nur in der Weise tun können, daß er beim Vormundschaftsgericht die Bestellung eines Pflegers zur Verfolgung der Forderungen des Mündels gegen sich beantragt hätte. Hiezu hatte er keine rechtliche Verpflichtung. Wer als Bevollmächtigter die Vertretung der Interessen eines Andern übernimmt, ist nicht verpflichtet, diesen Interessen seine eigenen aufzuopfern. In welchem Umfang die durch den Widerstreit der Interessen herbeigeführte Zwangslage als Rechtfertigungsgrund bei Begehung an sich strafbarer Handlungen Berücksichtigung finden kann, hängt davon ab, wieweit von dem Betroffenen bei pflichtmäßiger Abwägung der beiderseitigen Interessen verlangt werden kann, die eigenen zugunsten anderer zu opfern; die Frage, wieweit diese Zumutbarkeit reicht, muß nach der Auffassung aller billig und gerecht denkenden Menschen beurteilt werden. Danach kann aber ein rechtswidriger Gebrauch, ein Mißbrauch der Vertretungsmacht, nicht schon darin gefunden werden, daß der Vertreter nicht den behördlichen Schutz des Vertretenen gegen sich selbst in Anspruch nimmt. Die Unterlassung einer Selbstanzeige gegen sich enthält keine strafbare Untreue. Noch viel weniger verständlich wäre es, in der bloßen Unterlassung eines Hinweises (an die Behörde oder den Vertretenen) seitens des Vertreters auf seine eigene mißliche Vermögenslage eine Verletzung der Treuepflicht zu finden. Eine sofortige Freisprechung des Angeklagten kam immerhin nicht in Frage, da der äußere Tatbestand der Untreue gegeben war. Der Pfleger hat kein Recht, Gelder des Mündels für sich zu verbrauchen. Da der Angeklagte als Pfleger mit sich selbst keinen Vertrag rechtswirksam schließen konnte, erwarb der Mündel keinen Gegenwert für die ihm vom Angeklagten entzogenen Vermögensstücke. Daran konnte auch die Genehmigung des Vormundschaftsgerichts nichts ändern; diese blieb ohne rechtliche Wirkung. Sie konnte aber für den inneren Tatbestand von Bedeutung sein, indem der Angeklagte sich zu seinem Vorgehen rechtlich für befugt hielt. Das war noch zu prüfen, insbesondere auch in der Richtung, ob ein Irrtum über Tatumstände oder nur ein unbeachtlicher Strafrechtsirrtum vorlag.
(III, 2. Juli 1931.) Amtl. Sammlg. S. 333—336.

Vgl. Bd. 26 S. 76; Bd. 29 S. 147; Bd. 60 S. 346; Bd. 61 S. 242; Bd. 63 S. 233, 373.

102. Notzucht. Beleidigung. Tateinheit. Gesetzeseinheit. (StGB. §§ 73, 176, 185.) Versuchte Notzucht und Beleidigung können nicht in Tateinheit miteinander stehen, da die gewaltsame Vornahme einer unzüchtigen Handlung an einer Frau stets und notwendig den äußeren Tatbestand einer gegen die Ehre der Frau gerichteten rechtswidrigen Kundgebung enthält. Selbst dann, wenn die Frau eine Lohndirne wäre und ihr die Geschlechtsehre abgesprochen werden müßte, würde eine an ihr mit Gewalt vorgenommene unzüchtige Handlung eine schwere Mißachtung ihres Persönlichkeitsrechtes, des Rechtes der Selbstbestimmung über ihren Leib, kundgeben und es würde dadurch der Tatbestand der Beleidigung begründet sein. Gegenüber dem allgemeinen Tatbestand der Beleidigung (§ 185) ist der eines gewaltsamen geschlechtlichen Angriffs (§§ 176, 177) der engere; es liegt also Gesetzeseinheit vor. (I, 3. Juli 1931.)
Amtl. Sammlg. S. 337—338.

Vgl. Bd. 19 S. 250; Bd. 24 S. 201; Bd. 29 S. 398; Bd. 45 S. 344.

103. Preßgesetz. Schriftleiter. Vermutung. (PreßG. § 20.) Das Pressegesetz stellt die Vermutung auf, daß der Schriftleiter einer periodischen Druckschrift die dort enthaltenen Aufsätze mit Kenntnis und Verständnis ihres Inhalts veröffentlicht hat; es wird also vermutet, daß der Schriftleiter den Aufsatz nicht nur gekannt, sondern daß er auch den Sinn erkannt hat, in dem der unbefangene Leser nach der Feststellung des Richters den Aufsatz auffassen mußte und auffassen konnte. Das muß auch gelten, wenn der Schriftleiter selbst der Verfasser eines beanstandeten Aufsatzes ist. Er hat auch in diesem Fall die Pflicht, den Aufsatz vor der Veröffentlichung auf seine Brauchbarkeit zu prüfen. Bestreitet er, den festgestellten Sinn erkannt zu haben, so ist die Rechtslage die gleiche, wie wenn er den Aufsatz eines anderen veröffentlicht hätte; auch in diesem Fall besteht das praktische Bedürfnis, die Beweisführung zu erleichtern. (I, 3. Juli 1931.) Amtl. Sammlg. S. 338—340.

Vgl. Bd. 22 S. 65.

104. Raufhandel. Verschulden. (StGB. § 227.) Zwischen zwei Gruppen politischer Gegner kam es in einer Wirtschaft zu einem Streit. Als sie dann vor der Wirtschaft waren, stieß eine Gruppe ihren Kampfruf aus. Der Führer der anderen Gruppe erwiderte mit deren Kampfruf. In dem nachfolgenden

Geräufe verhielt er sich nur abwehrend. Trotzdem wurde er wegen Teilnahme am Raufhandel verurteilt, weil er durch seinen Kampfruf die Angriffslust der anderen Gruppe verstärkt und seine Hereinziehung in die Schlägerei mitverschuldet habe. Das Reichsgericht hob das Urteil auf. Auch wenn der Angeklagte die Angriffslust der Gegner verstärkte, war für seine Verurteilung die weitere Feststellung notwendig, daß er schuldhaft in den Raufhandel hineingezogen wurde; das traf zu, wenn sein Zuruf Ursache für den Angriff war, wenn er dies voraussah und wenn sein Verhalten eine Rechtspflichtverletzung in sich trug. Eine solche Feststellung fehlte. Die gegnerische Gruppe hatte ihre Angriffslust schon vorher zu erkennen gegeben; es war also möglich, daß der Angriff auch ohne den Zuruf erfolgt wäre. Daß der Angeklagte voraussah, daß er, wenn er sich mutig und unerschrocken zeige, dadurch die Angriffslust der Gegner erhöhe, lag keineswegs ohne weiteres auf der Hand. Endlich war auch eine Rechtsverletzung, ein bewußtes Aufreizen zum Kampf, nicht nachgewiesen; die bloße Erklärung, einen Angriff nicht zu fürchten, ist nicht rechtswidrig. (III, 6. Juli 1931.) Amtl. Sammlg. S. 340—341.

105. Auslieferung. Rechtshilfe in Strafsachen. (AuslG. § 41.) Die tschechoslowakische Gesandtschaft in Berlin ersuchte um eine Abschrift des gegen einen tschechoslowakischen Staatsangehörigen wegen Paßvergehens und Urkundenfälschung ergangenen deutschen Strafurteils, um den zuständigen tschechoslowakischen Stellen die Prüfung zu ermöglichen, ob es sich bei der Tat um ein Verbrechen der öffentlichen Urkundenfälschung handle. Dem Reichsgericht lag die Frage vor, ob diese Maßnahme eine Rechtshilfe in Strafsachen darstellte und demgemäß auf Grund der Art. 6, 17 des Deutsch-Tschechoslowakischen Auslieferungsvertrags abgelehnt werden konnte. Die Frage wurde bejaht. Sowohl aus der Fassung der Vorschrift als aus ihrer Begründung ergibt sich, daß der Gesetzgeber den Begriff der Rechtshilfe in weitestem Sinne hatte fassen wollen, ohne zwischen Rechtshilfe im engeren Sinne und Amtshilfe zu unterscheiden. Hienach sind unter Rechtshilfe im Sinne dieser Vorschrift alle Maßnahmen zu verstehen, die eine ausländische Stelle von deutschen Behörden (auch Verwaltungsbehörden) zur Unterstützung eines ausländischen Strafverfahrens verlangt. Dazu gehören auch Auskünfte aller Art, so Mitteilungen aus deutschen Akten, besonders Strafakten, Übermittlung von solchen Akten oder Teilen aus ihnen, Erteilung von Abschriften.

Auch der Begriff der Strafsachen ist nach dem Willen des Gesetzgebers weit zu fassen. Er beschränkt sich nicht auf das gerichtliche Strafverfahren, sondern begreift in sich alle behördlichen Maßnahmen, die darauf abzielen, Personen, die einer strafbaren Handlung verdächtig sind, zu ermitteln und der gesetzlichen Bestrafung zuzuführen. Die Prüfung, welche nach dem Ersuchen vorgenommen werden sollte, hatte den Zweck, festzustellen, ob die Straftat, auf die sich das Urteil bezog, im Machtbereich der Tschechoslowakischen Republik von neuem verfolgt und abgeurteilt werden konnte; sie bedeutete also die Einleitung eines Strafverfahrens. (III, 9. Juli 1931.)

Amtl. Sammlg. S. 341—344.

106. Bannbruch. Zollhinterziehung. Tateinheit. (VZG. §§ 134, 135; RAbgO. a. F. § 359, n. F. § 396; RG. vom 22. Dezember 1929 zur Abänderung des TabStG.; BranntwMonG. 1922 § 158.) Wegen verbotener Einfuhr in Tateinheit mit versuchter Hinterziehung des Monopolausgleichs wurde eine Strafe ausgesprochen; die von der Zollbehörde beantragte Bestrafung wegen versuchter Zollhinterziehung war abgelehnt worden. Die Sprungrevision der Zollbehörde hatte keinen Erfolg. Das Reichsgericht hat stets daran festgehalten, daß Zollhinterziehung begrifflich nur bei Gegenständen in Frage kommen kann, deren Einfuhr erlaubt ist, während das Verbot, eine Ware einzuführen, selbstverständlich auch die Einfuhr gegen Entrichtung des sonst tarifmäßigen Zolls ausschließt. Bannbruch setzt eine unerlaubte, Zollhinterziehung eine erlaubte Einfuhr voraus; Voraussetzung für eine Zollhinterziehung ist Zollpflicht der Ware. Daran ist auch durch die Streichung des § 453 RAbgO. und Änderung des § 135 VZG. durch § 359 RAbgO. a. F. (§ 336 n. F.) nichts geändert worden. Hätte der Gesetzgeber eine solche Änderung beabsichtigt, so hätte er zum Ausdruck bringen müssen, daß der Zoll auch im Fall der verbotenen Einfuhr zu erheben sei. Eine solche Regelung ist in Österreich getroffen worden. Für das Deutsche Reich war sie im Entwurf eines Einführungsgesetzes zum Spiritusmonopol vom 16. November 1926 vorgeschlagen; dieser Entwurf ist aber nicht Gesetz geworden. (III, 9. Juli 1931.) Amtl. Sammlg. S. 344—348. Vgl. Bd. 2 S. 370; Bd. 17 S. 9; Bd. 52 S. 251; Bd. 55 S. 175; Bd. 57 S. 4; Bd. 60 S. 171; RFH. Bd. 23 S. 162.

107. Urkundenfälschung. Beihilfe. Versuch. (StGB. §§ 43, 49, 267, 268.) B., der bei einer Versicherungsgesellschaft angestellt war, gab S. einen Kopfbogen der Gesellschaft mit einem

Stempelaufdruck zu dem Zweck, damit dieser sich einen Nachweis verfertige, daß er als Beamter der Gesellschaft angestellt sei, und sich mit Hilfe dieses Nachweises ein Darlehen verschaffe. S. benützte den Bogen nicht zu diesem Zweck, sondern stellte damit eine Urkunde her, worin bestätigt wurde, daß er der Versicherungsgesellschaft Briefmarken zum Zwecke der Abschätzung übergeben habe; diese Urkunde legte er einem Polizeibeamten vor, als ihm wegen Unterschlagung der Marken Verhaftung drohte. Er wurde wegen einfacher Urkundenfälschung verurteilt, B. wegen Beihilfe zur versuchten schweren Urkundenfälschung. Die Revision des B. hatte Erfolg. Infolge der Abhängigkeit der Beihilfe von der Haupttat kann der Gehilfe nur soweit verantwortlich gemacht werden, als die Haupttat wirklich ausgeführt worden ist. Ist im Gesetz ein straferhöhender Umstand vorgesehen, dieser aber vom Haupttäter nicht verwirklicht worden, so kann dieser Umstand dem Gehilfen selbst dann nicht zugerechnet werden, wenn sein eigener Wille auf die Verwirklichung dieses Merkmals gerichtet war. Demzufolge konnte nur Beihilfe zu einfacher Urkundenfälschung in Betracht kommen. Dafür fehlte nach den bisherigen Feststellungen die tatsächliche Grundlage. Die Tat, die B. durch seine Tätigkeit fördern wollte, hatte S. nicht begangen; die Tat, die S. beging, hatte B. nicht gewollt. Der Inhalt, den S. der Urkunde gab, wich von dem Inhalt ab, den sich B. vorgestellt hatte; auch der von S. verfolgte Täuschungszweck war ganz anderer Art als die Täuschung, die nach der Vorstellung des B. erreicht werden sollte. Unwesentliche Abweichungen der Haupttat vom Gehilfenvorsatz sind zwar ohne rechtliche Bedeutung; hier handelte es sich aber um so wesentliche Unterschiede, daß die Haupttat, wie sie ausgeführt wurde, vom Vorsatz des Gehilfen nicht umfaßt war. Die Sache wurde zurückverwiesen zur Prüfung, ob B. den (wenn auch nur unbestimmten) Vorsatz gehabt hatte, daß S. eine falsche Urkunde beliebigen Inhalts herstelle, um die drohende Entdeckung seiner Unterschlagung abzuwenden; in diesem Falle bestand kein rechtliches Bedenken gegen eine Verurteilung wegen Beihilfe zur einfachen Urkundenfälschung. (II, 9. Juli 1931.) Amtl. Sammlg. S. 348—351.

Vgl. Bd. 4 S. 95; Bd. 11 S. 87; Bd. 13 S. 265; Bd. 21 S. 93; Bd. 31 S. 35; Bd. 50 S. 218; Bd. 60 S. 158; Bd. 62 S. 203, 246.

108. Hilfsweise gestellter Beweisantrag. (StPO. § 245.) In seinem Schlußvortrag bat der Angeklagte an erster Stelle um Vertagung und Ladung eines Sachverständigen, an zweiter

Stelle um Freisprechung. Der Beweisantrag wurde in der Hauptverhandlung nicht verbeschieden, sondern erst im Urteil gewürdigt. Das Reichsgericht erkannte das für zulässig. Der Beweisantrag war nur hilfsweise gestellt; demzufolge war es zulässig, ihn im Zusammenhang mit der Urteilsberatung zu verbescheiden. (III, 13. Juli 1931.)

Amtl. Sammlg. S. 351—352.

109. Sprengung einer Versammlung. Verbotener Aufzug. Waffenverbot. (RVerf. Art. 123; VerG. § 11; StGB. § 107 a.) Eine Partei hatte in einer Gastwirtschaft eine öffentliche Versammlung einberufen. Sie wurde kurz vor der Versammlungsstunde verboten. Im Laufe des Tages hatten sich zahlreiche Angehörige der Partei am Orte eingefunden; ebenso hatten sich aber auch zahlreiche Angehörige einer feindlichen Partei dort versammelt. Beide Parteien veranstalteten Umzüge durch den Ort. Der Zug der ersten Partei wurde durch jenen der zweiten gesprengt; hiebei kam es zu einer Schlägerei, die zahlreiche Opfer forderte. Der Verurteilung hiewegen wurde entgegengehalten, daß die Teilnehmer des Zuges der ersten Partei zum großen Teil bewaffnet gewesen seien, so daß der Umzug als verboten anzusehen gewesen sei. Die Revision wurde verworfen. Das Recht, sich zu versammeln, ist ein staatsbürgerliches Recht, das von der Reichsverfassung anerkannt ist. Aus polizeilichen Gründen kann der Staat Versammlungen verbieten; unter einem Verbot ist die Willenskundgebung der zuständigen Stelle der Staatsgewalt (Gesetzgebung oder Verwaltung) zu verstehen, daß die Versammlung zu unterbleiben habe. Ein solches Verbot lag für den Umzug nicht vor. Wenn Teilnehmer daran bewaffnet waren, konnten sie sich strafbar machen; der Umzug wurde damit nicht verboten. (III, 11. Juni 1931.) Amtl. Sammlg. S. 353—354.

110. Reichsfahne. Sachbeschädigung. Verschönerung eines Weges. Strafantrag. (StGB. §§ 61, 303, 304.) Einem Schulverband wurde, da die Gemeinde, in der er seinen Sitz hatte, die Anschaffung einer Fahne in den Reichsfarben ablehnte, eine solche durch den Regierungspräsidenten zur Verfügung gestellt. Der Lehrer hing sie am Verfassungstag durch eine Bodenluke nach der Dorfstraße aus. Der erste Schöffe der Gemeinde begab sich in das Schulhaus und erklärte, er wolle die Fahne entfernen, da die Beflaggung gegen den Beschluß der Gemeinde verstoße. Der Lehrer verwahrte sich hiegegen wie auch gegen den Aufenthalt des Schöffen im Schulhaus. Gleichwohl begab sich dieser auf den Dachboden, löste die Fahne von der Fahnenstange ab und nahm sie mit sich; dem Landjäger, der sie abholte, gab er sie ohne weiteres heraus. Das Landgericht sprach ihn von der Anklage der Sachbeschädigung frei, weil sich der von dem Lehrer gestellte Strafantrag nur auf den Hausfriedensbruch beziehe. Das Reichsgericht verwies die Sache zurück. Daß die Entfernung des Fahnentuchs von der Fahnenstange schon eine Beschädigung der Fahne als eines Ganzen darstellte, hatte auch schon das Landgericht angenommen; die Annahme einer gemeinschädlichen Sachbeschädigung hatte es mit der Begründung abgelehnt, daß die Fahne nicht zur Verschönerung eines öffentlichen Weges diente, da sie sich nicht auf der Dorfstraße selbst, sondern im Schulgebäude befand. Es ist aber nicht einzusehen, weshalb ein Gegenstand, der ein Gebäude verschönt, nicht zugleich unmittelbar oder mittelbar auch der Verschönerung des öffentlichen Weges dienen könnte, an dem das Gebäude steht. Da im gegebenen Fall die Beflaggung von den maßgebenden Behörden aus Anlaß einer im öffentlichen Recht beruhender Feier angeordnet und durchgeführt wurde, konnte nicht zweifelhaft sein, daß durch sie nicht nur das Gebäude, sondern auch der öffentliche Weg feierlich gestaltet und verschönert werden sollte. Übrigens war auch zu prüfen, ob nicht der Strafantrag auch die Sachbeschädigung umfaßte. Auch Nichteigentümer einer Sache können durch die Sachbeschädigung verletzt und daher zum Strafantrag berechtigt sein, insbesondere jene, welche die Verantwortung für eine Sache tragen. Bei der Stellung des Strafantrags war möglicherweise nicht daran gedacht, daß die Handlung auch als Sachbeschädigung beurteilt werden konnte. Maßgebend war nicht der Wortlaut des Strafantrags, sondern der Wille des Antragstellers; aus dem Gesamtinhalt des Strafantrags war festzustellen, ob er auch wegen der Entfernung der Fahne eine strafrechtliche Verfolgung herbeiführen wollte. (I, 22. September 1931.)

Amtl. Sammlg. S. 354—358.

Vgl. Bd. 43 S. 240; Bd. 63 S. 76; Bd. 64 S. 250.

111. Beleidigung. Üble Nachrede. Tateinheit. Gesetzeseinheit. (StGB. §§ 73, 185, 186.) Der verantwortliche Schriftleiter einer Zeitung wurde wegen eines öffentlichen durch die Presse verübten fortgesetzten Vergehens, teils der Beleidigung, teils der üblen Nachrede, verurteilt. Das Reichsgericht verwies die Sache zurück. Worin der Tatbestand der Beleidigung er

blickt wurde, war im Urteil nicht angegeben. Das ließ die Vermutung aufkommen, daß er in Worten gefunden wurde, die nur einen Teil der Begründung der üblen Nachrede enthielten. Dann war übersehen, daß der Tatbestand des § 185 durch den engeren des § 186 aufgezehrt wird. Dieselbe Äußerung, die nach § 186 strafbar ist, kann nicht nach § 185 strafbar sein. Tateinheit zwischen übler Nachrede und einfacher Beleidigung ist nur möglich, wenn eine einheitliche Kundgebung die Behauptung ehrenrühriger Tatsachen und zugleich eine davon verschiedene förmliche Beleidigung enthält oder wenn die Beleidigung sich in erster Linie an den Beleidigten selbst richtet und nur zugleich auch zur Weitergabe an andere bestimmt ist. (I, 25. September 1931.) Amtl. Sammlg. S. 358—359.
Vgl. Bd. 41 S. 61; Bd. 59 S. 414.

112. Beleidigung. Verbreitung ehrenrühriger Tatsachen durch die Presse. Wahrnehmung berechtigter Interessen. (StGB. §§ 186, 193; PreßG. § 20.) In einer öffentlichen Versammlung stellte ein Redner Behauptungen auf, die geeignet waren, einen Beamten verächtlich zu machen. Die Rede wurde in einer Zeitung im Auszug wiedergegeben. Das Landgericht sprach den verantwortlichen Schriftleiter mit der Begründung frei, daß der Presse grundsätzlich das Recht der Berichterstattung über öffentliche Versammlungen zustehe und daß dieses Recht sich auch auf die Wiedergabe beleidigender Behauptungen erstrecke; deren Wiedergabe sei nur dann als Beleidigung strafbar, wenn aus der Berichterstattung selbst oder ihren Beweggründen sich die Absicht der Beleidigung ergebe. Das erklärte das Reichsgericht für rechtsirrig. Durch das im § 186 enthaltene allgemeine Verbot des Verbreitens ehrenrühriger Tatsachen wird auch das Recht zur Berichterstattung über strafbare Handlungen eingeschränkt. Nach der inneren Seite genügt es, wenn sich der Täter bei der Verbreitung der ehrenkränkenden Eigenschaft der verbreiteten Tatsache mindestens in der Form des bedingten Vorsatzes bewußt war; er braucht nicht die Absicht der Beleidigung gehabt zu haben. Bei Preßvergehen bezieht sich die Vermutung der Schuld auch auf die Kenntnis und das Verständnis des Inhalts des Verbreiteten. Allerdings kann durch § 193 StGB. die Rechtswidrigkeit der Handlung ausgeschlossen werden; nach ständiger Rechtsprechung des Reichsgerichts rechtfertigt aber weder die Zugehörigkeit zu einer politischen Partei noch die Stellung des Verbreiters als Schriftleiter einer politischen Zeitung für sich allein die Annahme der Wahrnehmung berechtigter Interessen. (I, 29. September 1931.)

Amtl. Sammlg. S. 359—361.

Vgl. Bd. 56 S. 380; Bd. 64 S. 65.

113. Verjährung. Beihilfe. Fortgesetzte Handlung. Dauerstraftat. (StGB. §§ 49, 67; BranntwMonG. §§ 144, 147; RAbgO. § 384 a. F.) Die Eröffnung eines Handels mit Branntwein wurde der Behörde nicht angemeldet. Der Inhaber des Betriebs wurde wegen Ordnungswidrigkeit verurteilt, der Verkäufer wegen Beihilfe. In der Richtung gegen den Verkäufer wurde das Urteil aufgehoben. Zuwiderhandlungen gegen das Branntweinmonopolgesetz, die mit einer Ordnungsstrafe bedroht sind, verjähren in einem Jahr. Der Verkäufer hatte seine Tätigkeit schon im Jahre 1925 eingestellt, während der Betriebsinhaber sie bis zum Jahr 1928 fortsetzte. Wohl wird in der reichsgerichtlichen Rechtsprechung der Grundsatz vertreten, daß die Verjährung der Strafverfolgung der Beihilfe in der Regel erst bei Beendigung der Haupttat beginnt; hat sich aber der zeitlich beschränkte Vorsatz des Gehilfen nur auf die Hilfeleistung zu bestimmten einzelnen Teilen der Kette von Straftaten gerichtet, welche die fortgesetzte Handlung des Haupttäters bilden, und hat seine Gehilfentätigkeit schon zu einer Zeit aufgehört, in der die strafbare Betätigung des Haupttäters noch fortdauert, so beginnt die Verjährung gegen den Gehilfen schon mit dem Zeitpunkt, zu dem der betreffende Teil der Haupttat, zu dem er Hilfe leistet, abgeschlossen wird. Das muß auch für Dauerstraftaten gelten. Demgemäß war die Strafverfolgung gegen den Verkäufer verjährt. (I, 2. Oktober 1931.)

Amtl. Sammlg. S. 361—363.

Vgl. Bd. 30 S. 300, 310; Bd. 59 S. 6.

114. Änderung des rechtlichen Gesichtspunkts. Hinweis. (StPO. §§ 265, 270.) Das Hauptverfahren wurde wegen fahrlässiger Eidesverletzung eröffnet. Das Landgericht nahm wissentliche Eidesverletzung an und verwies die Sache vor das Schwurgericht. Dieses verurteilte wegen fahrlässiger Eidesverletzung, ohne die Angeklagten auf die Änderung des rechtlichen Gesichtspunkts hinzuweisen. Das führte zur Aufhebung des Urteils. Die Grundlage des Verfahrens bildete das Urteil des Landgerichts, das die Sache an das Schwurgericht verwies. Die Angeklagten konnten sich darauf verlassen, daß, solange sie nicht anderweit belehrt wurden, ihre Verurteilung nur aus diesem Gesichtspunkt in Frage kam und daß sie ihre Verteidigung nur gegen diese Anschuldigung zu richten brauchten. Daß der Eröffnungsbeschluß, der fahrlässige Eidesverletzung annahm, verlesen worden war, ersetzte den Hinweis auf die Änderung des rechtlichen Gesichtspunkts nicht. (I, 6. Oktober 1931.)

Amtl. Sammlg. S. 363.

115. Notverordnung. Steuerstreik. Irrtum. Prüfungsrecht. Widerstand. (StGB. § 110; VO. vom 15. Sept. 1923 § 1; VO. vom 26. Juli 1930; RVerf. Art. 48.) Vor einer Menschenmenge wurde öffentlich zum Steuerstreik gegenüber den in der Verordnung des Reichspräsidenten vom 26. Juli 1930 angeordneten Steuern aufgefordert. Die Verurteilung wegen Widerstands gegen die Staatsgewalt wurde vom Reichsgericht bestätigt. Gegen die Rechtsgültigkeit der Verordnung war eingewendet worden, daß sie nicht zur Wiederherstellung der öffentlichen Sicherheit und Ordnung, sondern, wie ihr Eingang sagte, zur Behebung finanzieller, wirtschaftlicher und sozialer Notstände ergangen sei. Die Bezugnahme auf Art. 48 der Reichsverfassung ließ aber deutlich erkennen, daß die Zweckbestimmung der Verordnung die Wiederherstellung der öffentlichen Sicherheit und Ordnung war und daß die Anführung der Notstände, die durch sie behoben werden sollten, nur den nächstliegenden Zweck bezeichneten, durch dessen Erfüllung der Reichspräsident die Wiederherstellung der gefährdeten Ordnung und Sicherheit zu erreichen glaubte. Ob die Verordnung zur Wiederherstellung der öffentlichen Sicherheit und Ordnung notwendig war und ob ihr Inhalt diesem Zweck entsprach, hatte das Gericht nicht zu prüfen. Der Rechtsgültigkeit der Verordnung stand auch nicht entgegen, daß die Verordnung in ihren wesentlichen Teilen schon am 16. Juli 1930 erlassen und auf Verlangen des Reichstags am 18. Juli 1930 wieder aufgehoben worden war. Daß der Reichspräsident dieselben Maßnahmen nicht wiederholt treffen kann, ist nirgends ausgesprochen. Ein solches Verbot ist auch nicht für den Fall vorgesehen, daß der Reichstag schon einmal die Aufhebung einer Verordnung verlangt und durchgesetzt hat; es ist immer die Möglichkeit gegeben, daß sich bei einer nochmaligen Abstimmung im Reichstag keine Mehrheit für die Aufhebung der neuen Verordnung findet. Eine vom Reichspräsidenten erlassene Notverordnung wird auch nicht schon dadurch hinfällig, daß der Reichstag die Aufhebung verlangt; sie bleibt vielmehr in Kraft, bis sie durch einen gesetzgeberischen Akt aufgehoben wird. Die Verordnung verstieß auch nicht gegen die Reichsverfassung. Durch Notverordnungen kann in bestimmte, den Staatsbürgern sonst durch die Verfassung gewährleistete Rechte eingegriffen werden; das kann geschehen, ohne daß es der vorherigen oder förmlichen Außerkraftsetzung dieser Rechte bedarf. Diese Rechte sind erschöpfend aufgezählt. Soweit die Maßnahmen des Reichspräsidenten in andere verfassungsmäßig festgelegte Rechte der Staatsbürger eingreifen, sind sie ungültig. Der Angeklagte hatte ausgeführt, daß Bestimmungen, die eine allgemeine Steuerbelastung erhöhen, einen solchen Eingriff enthielten; insbesondere sei das hinsichtlich der Reichshilfe der Fall, die von Personen des öffentlichen Dienstes zu leisten war. Die Bestimmungen über die Leistung der Reichshilfe stehen aber mit der allgemeinen Steuerpflicht nicht in einem so unlösbaren Zusammenhang, daß diese von einer etwaigen Rechtsunwirksamkeit dieser Bestimmungen notwendig erfaßt würden. Wenn der Angeklagte diese Bestimmungen für rechtsungültig hielt, war dieser Irrtum bedeutungslos. (I, 6. Oktober 1931.)

Amtl. Sammlg. S. 364—368.

Vgl. Bd. 56 S. 161; Bd. 58 S. 360; Bd. 59 S. 29, 185; Bd. 63 S. 170; Bd. 64 S. 74.

116. Strafbescheid. Beschwerde. Antrag auf gerichtliche Entscheidung. Gesetzesauslegung. (RAbgO. ä. F. §§ 4, 415, 416, 427, 428, n. F. §§ 4, 450, 451, 462, 463.) Gegen einen am 5. Mai 1930 zugestellten Strafbescheid wandte sich der Angeklagte an das Finanzamt mit einer Eingabe vom gleichen Tage, die am 7. Mai dort einging. In dieser erklärte er zu Anfang, er lege Beschwerde ein; am Schluß fügte er an, wenn das Finanzamt die Sache nicht niederschlage, beantrage er gerichtliche Entscheidung. Das Finanzamt fragte am 8. Mai beim Angeklagten an, ob das Schriftstück als Beschwerde oder als Antrag auf gerichtliche Entscheidung behandelt werden solle und bemerkte, wenn eine Antwort nicht binnen einer Woche eingehe, werde es als Antrag auf gerichtliche Entscheidung behandelt werden. Mit einem Schreiben vom 13. Mai, das am 14. Mai beim Finanzamt einging, erklärte der Angeklagte, er bitte um richterliche Entscheidung. Das Schöffengericht verurteilte den Angeklagten zu einer Geldstrafe. Das Landgericht verwarf den Antrag auf gerichtliche Entscheidung als unzulässig, da der im Schreiben vom 5. Mai enthaltene Antrag wegen gleichzeitiger Einlegung der Beschwerde wirkungslos, der am 13. Mai gestellte Antrag verspätet angebracht sei. Das erklärte das Reichsgericht für rechtsirrig. Auch Verfahrensvorschriften sind nicht streng formalrechtlich, sondern tunlichst als Zweckmäßigkeitsnormen zu behandeln und einer freien Auslegung zu unterziehen. In besonderem Maße hat das für das Gebiet des Steuerrechts zu gelten, das von dem im § 4 RAbgO. ausgesprochenen Grundsatz beherrscht wird, daß bei Auslegung der Steuergesetze (und zu diesen gehört die Reichsabgabenordnung selbst) auch deren Zweck zu berücksichtigen sei. Wenn in der Reichsabgabenordnung bestimmt ist, daß der Antrag auf gerichtliche Entscheidung die Beschwerde, die Einlegung der Beschwerde den Antrag auf gerichtliche Entscheidung ausschließe, so würde es dem Zweck dieser Vorschrift durchaus widersprechen, die Erklärung eines rechtsunkundigen Angeklagten, der zwar in zweifelsfreier Weise seine Absicht, den Strafbescheid anfechten zu wollen, zum Ausdruck bringt, aber nicht hinreichend erkennbar macht, welcher der beiden zulässigen Rechtsbehelfe eingelegt werden soll, oder der beide Rechtsbehelfe gleichzeitig einlegt, als wirkungslos zu erachten und ihn damit der Möglichkeit, eine Nachprüfung des Strafbescheides herbeizuführen, überhaupt zu berauben. Zu diesem Ergebnis würde die Auffassung des Berufungsgerichts führen. In einem solchen Zweifelsfall ist nach dem zu vermutenden Willen des Beteiligten grundsätzlich davon auszugehen, daß der umfassendere und für ihn mit größeren Rechtssicherheiten versehene Rechtsbehelf als eingelegt zu gelten hat. Als solcher stellt sich der Antrag auf gerichtliche Entscheidung dar. Von diesem Standpunkt geht auch die Reichsabgabenordnung selbst aus. Legt der Ehemann einer angeklagten Frau Beschwerde ein, während diese selbst gerichtliche Entscheidung beantragt oder umgekehrt, so ist die Beschwerde wirkungslos, wenn nicht der Antrag auf gerichtliche Entscheidung zurückgenommen wird; wenn von mehreren Beteiligten ein Teil auf gerichtliche Entscheidung anträgt, ein anderer Beschwerde einlegt, so ist über die Beschwerde in der Regel erst nach rechtskräftiger Erledigung des gerichtlichen Verfahrens zu befinden. Eine solche Regelung ist nur von dem Gesichtspunkt aus zu rechtfertigen, daß der Antrag auf gerichtliche Entscheidung als der umfassendere und weitergehende Rechtsbehelf betrachtet wird. (II, 8. Oktober 1931.) Amtl. Sammlg. S. 368—373.

Vgl. RGZ. Bd. 102 S. 276.

117. Aktenverlust. Zurückverweisung. (StPO. §§ 328, 338.) Nachdem der Angeklagte gegen das Urteil des Schöffengerichts Berufung eingelegt hatte, gingen die Akten verloren. Das Landgericht hob das Urteil auf und verwies die Sache an das

Schöffengericht zurück. Das entsprach dem Gesetz. Ein Urteil, das abhanden gekommen ist und nicht wiederhergestellt werden kann, steht einem Urteil gleich, das keine Begründung enthält. Für die Revision ist bei Vorliegen dieses Mangels die Zurückverweisung ausdrücklich vorgesehen; sie ist aber auch für das Berufungsverfahren für zulässig erklärt, da ein Mangel vorliegt, der die Revision wegen Verletzung einer Rechtsnorm über das Verfahren begründen würde. (III, 12. Oktober 1931.)

Amtl. Sammlg. S. 373—374.

Vgl. Bd. 40 S. 184; Bd. 54 S. 101.

118. **Zeitweilige Auslieferung. Rechtshilfe. Rücklieferung. Gesetzesauslegung.** (RVerf. Art. 112; StGB. § 9; AuslG. §§ 1, 27, 41; Deutsch-Niederl. AuslVertr. vom 31. Dezember 1896 Art. 4.) Ein Tschechoslowake wurde in Deutschland zu einer Zuchthausstrafe verurteilt. In der Tschechoslowakei war gegen ihn ein Verfahren wegen Mordes anhängig. In diesem Verfahren wurde seine Auslieferung bewilligt, jedoch erst nach Verbüßung der in Deutschland erkannten Strafe. Das Gericht in der Tschechoslowakei, das mit dem Verfahren befaßt war, beantragte, den verurteilten Angeklagten vorübergehend dorthin zu liefern, um ihn den Mitbeschuldigten und Zeugen gegenüberstellen zu können. Das Reichsgericht entschied hiezu: 1. Die unter der Zusage der Rücklieferung begehrte Überführung einer im Inland befindlichen Person an die Behörde eines ausländischen Staates ist vorläufige Auslieferung im Sinne des Deutschen Auslieferungsgesetzes, wenn sie verlangt wird, um der ausländischen Behörde zu ermöglichen, den Überführten als Beschuldigten zu vernehmen oder als Beschuldigten anderen Personen gegenüberzustellen. 2. Art. 112 RVerf. und § 1 AuslG. hindern die Reichsregierung nicht, bei dem die Förderung eines inländischen Verfahrens bezweckenden Ersuchen um vorübergehende Zuführung eines Reichsangehörigen, der sich im Machtbereich einer fremden Regierung in einer Strafsache in Haft, insbesondere Strafhaft befindet, der ausländischen Regierung gegenüber die Verpflichtung zur Rücklieferung zu übernehmen und diese Verpflichtung zu erfüllen, auch wenn die Rücklieferung dazu führt, daß die im Ausland betriebene Strafverfolgung oder Strafvollstreckung fortgesetzt wird. — Die Entscheidung ist unter Bezugnahme auf die Entstehungsgeschichte der angeführten Vorschriften sehr eingehend begründet. Das Bayerische Oberste Landesgericht, das zuerst mit der Sache befaßt worden war, hatte sich auf den Standpunkt gestellt,

daß es sich nicht um eine Auslieferung, sondern um Rechtshilfe handle. Dieser Auffassung trat das Reichsgericht entgegen. Das Auslieferungsgesetz sagt allerdings nicht ausdrücklich, was es unter Auslieferung und was es unter Rechtshilfe versteht; es bestimmt aber, daß die Auslieferung eines Ausländers zur Strafverfolgung oder zur Strafvollstreckung gewährt werden kann und die amtliche Begründung zum Entwurf führte aus, um eine Auslieferung handle es sich, wenn der Verfolgte aus dem Bereich der deutschen Gerichtsbarkeit heraus einer ausländischen Gerichtsbarkeit zum Zwecke der Strafverfolgung oder Strafvollstreckung von Amts wegen überantwortet werde. Strafverfolgung ist jede Maßnahme einer dafür zuständigen Behörde, die darauf gerichtet ist, ein gegen den Verfolgten geführtes Strafverfahren zu fördern, es seinem Ziel, der Aburteilung des Verfolgten, näherzubringen. Demgemäß fällt unter den Begriff der Auslieferung jede Überführung einer im Machtbereich der inländischen Gerichtsbarkeit befindlichen Person an Organe der Regierung eines ausländischen Staates, die zu dem Zweck geschieht, ein wegen einer Straftat gegen den Verfolgten im Inland eingeleitetes Strafverfahren zu fördern oder die Vollstreckung einer gegen ihn wegen einer strafbaren Handlung erkannten Strafe zu betreiben. Als Rechtshilfe im Sinne des Auslieferungsgesetzes kommen nur Maßnahmen in Frage, die nicht unter den Begriff der Auslieferung fallen. Das Ersuchen des tschechoslowakischen Gerichts war nicht als Auslieferungsantrag gestellt, gleichwohl aber als solcher zu behandeln, da Anträge auf Rechtshilfe im Verkehr zwischen dem Deutschen Reich und der Tschechoslowakei von Behörde zu Behörde wirksam gestellt werden können und anzunehmen war, daß der Antrag, wenn darauf hingewiesen worden wäre, daß er als Auslieferungsantrag zu behandeln sei, in der dafür vorgeschriebenen Form wiederholt worden wäre. Das Reichsgericht konnte sich also mit den ihm vorgelegten Fragen befassen. Entscheidend für die Beantwortung war, ob das in Art. 112 RVerf. aufgestellte Verbot der Auslieferung eines Deutschen an eine ausländische Regierung auch das Verbot der Rücklieferung in sich schließt. Diese Frage ist im Deutsch-Niederländischen Auslieferungsvertrag vom 31. Dezember 1896 verneint; nach diesem kann eine beanspruchte Person, um in dem ersuchenden Staat vor Gericht gestellt zu werden, zeitweilig ausgeliefert werden unter der Bedingung, daß sie nach Ablauf der Untersuchung zurückgeliefert wird. Bei den Verhandlungen über diesen Antrag wurde von keiner Seite behauptet, daß durch diese Bestimmung der angeführte Grundsatz, der damals im § 9 StGB. niedergelegt war, durchbrochen werde. Die Anschauung, daß die Rücklieferung Reichsdeutscher nach vorläufiger Auslieferung nicht als Auslieferung anzusehen sei, ist auch im Verkehr mit anderen Ländern fortdauernd bestätigt worden, wenn auch eine einheitliche Verwaltungsübung sich nicht bildete. Gelegentlich der Beratung des Auslieferungsgesetzes wurde im Rechtsausschuß des Reichstages die Auffassung vertreten, daß eine solche Rücklieferung gegen die Reichsverfassung verstoße. Das Reichsgericht erklärte, daß diese Meinungsäußerung für die Beantwortung der gestellten Frage nicht entscheidend sei, zumal rechtliche Gesichtspunkte, welche die von dem Ausschuß für richtig gehaltene Meinung zu stützen vermochten, nicht vorgebracht worden seien. Die Antwort läßt sich nur aus dem Begriff der Auslieferung selbst gewinnen. Auslieferung ist nicht jede Übergabe einer Person durch eine Regierung an die Organe der Regierung eines fremden Staates, sondern nur jene, die den Zweck verfolgt, ein in dem anderen Staate gegen den Verfolgten schwebendes Strafverfahren zu fördern. An dieser Zweckbestimmung fehlt es bei der Rücklieferung nach vorläufiger Auslieferung. Allerdings fördert auch diese ein in dem fremden Staat gegen den Verfolgten geführtes Strafverfahren oder eine gegen ihn dort laufende Strafvollstreckung; aber diese Förderung fremder Rechtspflege ist nicht der Zweck dieses zwischenstaatlichen Rechtsgeschäfts, sondern eine notwendige, unvermeidliche Folge, die in den Kauf genommen werden muß, um eigener Rechtspflege zum Ziel zu verhelfen. Diese Verschiedenheit des Zweckes ist es auch, welche die Rücklieferung nach vorläufiger Auslieferung ausschlaggebend von der Durchführung unterscheidet; diese verfolgt, wie die Auslieferung, den Zweck der Unterstützung fremder Rechtspflege, bei der Rücklieferung nach vorläufiger Auslieferung fehlt aber diese Zielrichtung. Dem Verbot der Auslieferung eigener Staatsangehöriger liegt der Gedanke zugrunde, daß ein Staat seine Würde verletzen und den ihm seinen Angehörigen gegenüber obliegenden Pflichten zuwiderhandeln würde, wenn er einen in seinem Machtbereich befindlichen eigenen Angehörigen der Strafgewalt eines fremden Staates unterwerfen wollte. Dieser Grundgedanke trifft für die Fälle der Rücklieferung nach vorläufiger Auslieferung nicht zu; hier befindet sich der Staatsangehörige zur Zeit der einstweiligen Auslieferung schon in der Macht der fremden Rechtspflege und durch den Vorgang der einstweiligen Auslieferung und der zwangsläufig sich daraus ergebenden Rücklieferung wird an der Lage des Verfolgten gegenüber dem ausländischen Staat im Ergebnis nichts geändert. (III, 12. Oktober 1931.)

Amtl. Sammlg. S. 374—388.

Vgl. Bd. 24 S. 205; Bd. 32 S. 247.

119. Landfriedensbruch. Körperverletzung. Tateinheit. Gesetzeseinheit. (StGB. §§ 73, 125, 223.) Zwischen schwerem Landfriedensbruch und gemeinschaftlicher Körperverletzung kann Tateinheit bestehen. Für schweren Landfriedensbruch und Körperverletzung mit Todesfolge ist das mit der Begründung angenommen worden, daß es nicht die Absicht des Gesetzgebers gewesen sein kann, die schwerere Androhung für diese durch die leichtere für jene auszuschließen. Auch für gefährliche Körperverletzung und schweren Landfriedensbruch ist die Annahme von Gesetzeseinheit abzulehnen, weil sich die Tatbestände der beiden Strafbestimmungen in ihren gesetzlichen Merkmalen nicht decken. Schwerer Landfriedensbruch ist möglich, ohne daß es zu einer unmittelbaren Berührung oder gar einer Verletzung einer Person kommt; es genügt äußerer Zwang gegen Personen, auch eine nicht mittelbar gegen Personen gerichtete Einwirkung, die von ihnen körperlich empfunden wird, wie z. B. Werfen mit Steinen, Versperren eines Durchgangs. (II, 24. September 1931.) Amtl. Sammlg. S. 389.

Vgl. Bd. 45 S. 156; Bd. 47 S. 180; Bd. 52 S. 34; Bd. 54 S. 90; Bd. 56 S. 247.

120. Verkehrsregelung. (KraftFahrzG. § 2; KraftFahrzVO. §§ 6, 18; BerlStraßenO. § 11.) Nach der Berliner Straßenordnung sind alle Führer von Fahrzeugen (nicht nur von Kraftfahrzeugen) verpflichtet, vor einem Fußgängerübergang an einer Straßenkreuzung ohne Verkehrsregelung so langsam zu fahren, daß das Fahrzeug auf kürzeste Entfernung zum Stehen gebracht werden kann. Das Reichsgericht entschied, daß diese Verordnung auch für Kraftfahrzeuge gilt. Das Kraftfahrzeuggesetz und die Kraftfahrzeugverordnung regeln den Kraftverkehr nicht erschöpfend; die Kraftfahrzeuge haben vielmehr auch den den Verkehr mit Fahrzeugen allgemein regelnden Bestimmungen zu entsprechen, soweit nicht durch die Kraftfahrzeugverordnung abweichende Bestimmungen getroffen sind. Das Erfordernis des langsamen Fahrens bei Straßenkreuzungen war in der Bundesratsverordnung vom 3. Februar 1910 besonders hervorgehoben; wenn es in die Kraftfahrzeugverordnung nicht übernommen wurde, geschah das nur der knappen Fassung halber. Nach § 18 Abs. 1 KraftFahrzVO. ist die Fahrgeschwindigkeit so einzurichten, daß der Führer in der Lage bleibt, seinen Verpflichtungen Genüge zu leisten. Zu diesen Verpflichtungen gehört auch die Verhütung von Unfällen. Daraus folgt, daß er an Kreuzungen, an denen erfahrungsgemäß die Sicherheit des Straßenverkehrs besonders gefährdet ist, auf Einhaltung dieser Vorschrift zu achten hat. (II, 1. Oktober 1931.)

Amtl. Sammlg. S. 390—391.

121. Raumwucher durch Vermittlung. (MSchG. § 49 a.) Für die Vermittlung eines Mietvertrags über Wohnräume wurde eine Anzahlung geleistet. Der Vertrag kam nicht zustande. Die Zurückgabe der Anzahlung wurde verweigert, da Aufwendungen für die Sache gemacht worden seien. Die hierauf gestützte Verurteilung wegen Raumwuchers wurde vom Reichsgericht aufgehoben. Der Vertrag war nicht zustande gekommen; es war auch keine Vermittlungsgebühr verlangt worden. (II, 8. Oktober 1931.) Amtl. Sammlg. S. 391—392.

122. Vorläufige Festnahme. Waffengebrauch. (StPO. § 127.) Ein Jagdpächter traf auf seinem Jagdgebiet Wilderer an. Diese wandten sich zur Flucht. Er gab mehrere Luftschüsse ab, um sie zu stellen; schließlich zielte er auf einen und traf ihn so unglücklich, daß er am folgenden Tag starb. Er hatte versehentlich das Gewehr mit einer Kugelpatrone, statt mit einer Schrotpatrone geladen; doch hätte er auch mit einer Schrotpatrone ihn noch verletzen können. Die Verurteilung wegen Körperverletzung mit Todesfolge wurde bestätigt. Der Angeklagte hatte das Recht, die auf frischer Tat betroffenen Wilderer vorläufig festzunehmen, da sie sich der Feststellung ihrer Persönlichkeit durch die Flucht entzogen. Diese Befugnis schloß aber nicht auch das Recht ein, die Festnahme durch Verletzung der Fliehenden mit Schußwaffen zu erzwingen. In der Regel reicht die gewaltsame Ergreifung und Festhaltung des Fliehenden aus, um den Zweck der Festnahme zu erreichen. Ein weitergehender Eingriff in den Rechtskreis des Flüchtigen mag je nach den Umständen durch die Bedeutung der Sache gerechtfertigt sein; immer aber muß die mit der Verfolgung verbundene Verletzung oder Gefährdung von Rechtsgütern des Flüchtigen zu dem Zweck der Festnahme in angemessenem Verhältnis stehen. Zur Klärung der Frage, ob der Gebrauch von Waffen, insbesondere von Schußwaffen, zulässig ist, sind die gesetzlichen Bestimmungen für Beamte heranzuziehen, die zur

Verfolgung von Straftaten berufen und in der Handhabung von Waffen ausgebildet sind. In Preußen ist den Polizeibeamten und den Beamten der Landjägerei der Gebrauch der Schußwaffe, abgesehen von Fällen der Notwehr, nur gestattet zum Anhalten von Personen, die eines Verbrechens dringend verdächtig oder überführt sind und sich der Festnahme oder Festhaltung der Beamten durch die Flucht zu entziehen versuchen. Andere Personen haben jedenfalls kein weitergehendes Recht. Demgemäß war der Angeklagte nicht berechtigt, auf den fliehenden Wilderer zu schießen. Auch einen Schrotschuß hätte er gegen ihn nicht abgeben dürfen, wenn schon durch einen solchen nur eine leichte Verletzung hätte verursacht werden können. Die Frage, ob nur fahrlässige Tötung vorlag, wurde vom Reichsgericht verneint. Bei der Gefährlichkeit der Schußwaffe und der Schwierigkeit der Entfernungsschätzung kann es nicht jedermann überlassen werden, zu beurteilen, ob im Einzelfall ein Schrotschuß nur unbedeutende Verletzungen hervorzubringen vermag. Das Vorgehen des Angeklagten war also auch in diesem Falle rechtswidrig. (II, 12. Oktober 1931.)

Amtl. Sammlg. S. 392—397.

Vgl. Bd. 12 S. 194; Bd. 34 S. 443; Bd. 54 S. 196.

123. Verweisung. Urteil. Beschluß. (StPO. § 328.) Das Gesetz enthält keine ausdrückliche Vorschrift darüber, ob das Berufungsgericht, wenn es die Zuständigkeit des Untergerichts verneint, die mit der Aufhebung des angefochtenen Urteils verbundene Verweisung an das zuständige Gericht durch Urteil oder Beschluß auszusprechen hat. Die Ansicht, die ein Urteil erfordert, verdient den Vorzug, weil es angemessen erscheint, daß die Aufhebung des angefochtenen Urteils nicht anders als durch ein Urteil geschieht. Die Entscheidung kann darum auch dann mit Revision angefochten werden, wenn sie sich als Beschluß bezeichnet. (II, 12. Oktober 1931.)

Amtl. Sammlg. S. 397—398.

124. Invalidenversicherung. Teillohnzahlung. (RVersO. § 1434.) Ein Arbeitgeber konnte wegen wirtschaftlicher Schwierigkeiten seinen Arbeitern während eines längeren Zeitraums an den Fälligkeitsterminen nur Teilzahlungen auf den verdienten Arbeitslohn leisten. Er machte dabei Abzüge für die Invalidenversicherung, verwendete sie aber nicht für diesen Zweck. Gegen die Verurteilung wurde der Einwand erhoben, daß die Zahlungen als Abschlagzahlungen hätten angesehen werden müssen und daß darum eine Verletzung der Verpflichtung zur Verwendung der Beitragsteile für die Versicherungen nicht in Frage komme. Das traf nicht zu. Auch die Zahlung von Teillohn an den Lohnzahltagen unter Abzug der Versicherungsbeiträge verpflichtet zu deren Verwendung für die Versicherung. (I, 13. Oktober 1931.) Amtl. Sammlg. S. 398—399.

125. Schwurgericht. Hilfsrichter. (GVG. § 83.) Ein Gerichtsassessor wurde einem Landgericht für die Dauer der Erkrankung eines Landgerichtsrates als Hilfsrichter überwiesen. Er nahm auch an Stelle des Landgerichtsrates, der als Beisitzer für die Tagungen des Schwurgerichts bestimmt war, an einer solchen Sitzung teil. Das führte zur Aufhebung des Urteilts Der Assessor hätte an sich als Beisitzer im Schwurgericht bestellt. werden können; das war aber nicht geschehen, vielmehr waren ihm nur durch Beschluß des Präsidiums die dem erkrankten Landgerichtsrat übertragenen Geschäfte zugeteilt worden. Die Bestellung zum Beisitzer im Schwurgericht hätte durch den Präsidenten des Landgerichts vorgenommen werden müssen. Daß dieser beim Präsidialbeschluß mitgewirkt hatte, genügte nicht; es bestand die Möglichkeit, daß er bei der Beschlußfassung überstimmt worden war. (I, 30. Oktober 1931.)

Amtl. Sammlg. S. 399—400.
Vgl. Bd. 60 S. 410; Bd. 61 S. 423.

126. Untreue. Bürgermeister. Bevollmächtigter. (StGB. § 266; PrStädtO. 1853 §§ 26, 58, 62.) Der Bürgermeister einer preußischen Stadt verfügte in mehreren Fällen über deren Vermögen zu ihrem Nachteil. Der Verurteilung wegen Untreue wurde entgegengehalten, daß er nicht als Bevollmächtigter der Stadt angesehen werden könne. Die Revision wurde verworfen. Der Begriff des Bevollmächtigten und des Auftraggebers im § 266 StGB. setzt nicht notwendig eine Vollmacht oder einen Auftrag im Sinne des bürgerlichen Rechts voraus, sondern ganz allgemein ein Vertrauensverhältnis zwischen zwei Personen, vermöge dessen die eine zur offenen oder verdeckten rechtsgeschäftlichen Vertretung der anderen bestellt ist und hiedurch die in der Natur des Verhältnisses begründete rechtliche oder wenigstens tatsächliche Möglichkeit der Verfügung über das Vermögen der anderen Person besitzt und davon Gebrauch macht. Das Wesen der Untreue besteht in der bei Berücksichtigung des Innenverhältnisses mißbräuchlichen Anwendung der nach außen wirksamen Verfügungsmacht. All das trifft auch zu, wenn die Verfügungsgewalt auf öffentlichem Recht beruht und zu den Befugnissen und Pflichten eines übertragenen Amtes gehört. Nach der preußischen Städteordnung für die östlichen Provinzen hat allerdings grundsätzlich der Magistrat, nicht der Bürgermeister, die Stadtgemeinde zu vertreten und deren Eigentum zu verwalten; dem Bürgermeister steht nur die Leitung und Beaufsichtigung des ganzen Geschäftsganges der städtischen Verwaltung zu. Das gilt auch für die Verwaltung der Einnahmen und Ausgaben der städtischen Polizeiverwaltung, wenn auch die Handhabung der Ortspolizei dem Bürgermeister obliegt. Der Bürgermeister ist hienach nicht schon als solcher Bevollmächtigter der Stadt; es kann aber eine solche Bevollmächtigteneigenschaft dadurch begründet werden, daß ihm die selbständige Besorgung gewisser, an sich dem Magistrat obliegender Geschäfte vom Magistrat übertragen wird. Außerdem gewährt ihm die Städteordnung ausnahmsweise in besonderen Fällen eine die Eigenschaft eines Bevollmächtigten begründende Machtstellung zur rechtsgeschäftlichen Vertretung der Stadtgemeinde; so ist er insbesondere in dringenden Fällen, wenn die vorhergehende Beschlußfassung durch den Magistrat einen nachteiligen Zeitverlust verursachen würde, zu einem rechtsgeschäftlichen Handeln namens der Stadtgemeinde berechtigt und verpflichtet. Von besonderer Bedeutung ist die Vorschrift, daß Ausfertigungen der vom Magistrat in Urschrift zu vollziehenden Urkunden namens der Stadtgemeinde vom Bürgermeister gültig unterzeichnet werden; wenn in der Urkunde Verpflichtungen der Stadtgemeinde übernommen werden, muß noch die Unterschrift eines Magistratsmitglieds hinzukommen. Demgemäß hat der Inhalt der vom Bürgermeister (gegebenenfalls einem zweiten Magistratsmitglied) ausgefertigten Schriftstücke dem dritten Empfänger gegenüber als Wille der Stadtgemeinde zu gelten; bei verpflichtenden Urkunden bindet die Beobachtung der vorgeschriebenen Form die Stadtgemeinde selbst dann, wenn der Magistrat einen Beschluß über den fraglichen Gegenstand nicht gefaßt hat. Durch diese Vorschrift wird also dem Bürgermeister eine Vertrauensstellung eingeräumt, die ihm (gegebenenfalls mit einem Magistratsmitglied) die Möglichkeit eröffnet, durch seine Unterschrift über das Vermögen der Stadtgemeinde rechtsgeschäftlich zu deren Lasten zu verfügen. Damit wird der Begriff des Bevollmächtigten im Sinne des § 266 StGB. erfüllt. Außerdem war im vorliegenden Fall dem Angeklagten durch den Magistrat die ausdrückliche oder stillschweigende Ermächtigung zur Ausstellung von Kassenanweisungen erteilt worden; das ergab sich daraus, daß die Stadthauptkasse solche Anweisungen anstandslos befolgte. Demnach war der Angeklagte rechtlich und tatsächlich auf Grund der ihm so eingeräumten Machtstellung in der Lage, in rechtsgeschäftlicher Vertretung des Magistrats und damit der Stadtgemeinde über deren Vermögen durch Anweisung an die Stadthauptkasse unbeschränkt Verfügung zu treffen. Das gab ihm die Stellung eines Bevollmächtigten. (II, 19. Oktober 1931.)

Amtl. Sammlg. S. 401—406.

Vgl. Bd. 7 S. 377; Bd. 15 S. 41; Bd. 41 S. 265; Bd. 56 S. 101; Bd. 61 S. 1, 228; Bd. 62 S. 15; Bd. 63 S. 406; Bd. 64 S. 86.

127. **Zollhinterziehung. Sonderdelikt.** (VZG. §§ 13, 135, 136, 137; RAbgO. § 359.) Eine offene Handelsgesellschaft, bestehend aus den Kaufleuten L., K. und W. betrieb Vieheinfuhr aus Dänemark. Das Vieh wurde aus plombierten Eisenbahnwagen in ein unmittelbar an der Rampe befindliches Stallgebäude getrieben und dort Stück für Stück in Gegenwart eines Zollbeamten durch den Angestellten S. der offenen Handelsgesellschaft und den städtischen Beamten R. gewogen. R. übergab die das Gewicht des einzelnen Stücks anzeigende Wiegekarte dem Zollbeamten, der das Gewicht eintrug und die Karte an S. weitergab; dieser trug das Gewicht in eine Liste ein. Er und der Zollbeamte verglichen am Schluß die Endsummen. Es wurde festgestellt, daß R. längere Zeit planmäßig falsch wog. L., K. und W. wurden wegen Zollhinterziehung, R. und S. wegen Beihilfe angeklagt. Das Landgericht sprach sie alle frei. Das Reichsgericht verwies die Sache, soweit sie R. und S. betraf, zurück. Die Annahme des Landgerichts, daß der Begriff des Unternehmens ein planmäßiges Handeln des Täters zum Zwecke der Zollhinterziehung verlange, erklärte das Reichsgericht für unrichtig. Der Täter braucht sich nur bewußt zu sein, daß eine Abgabe nach dem Gesetz zu entrichten und daß sein Tun geeignet ist, dem Staate diese Abgabe zu entziehen; dieser Erfolg braucht nur bedingt von seinem Willen umfaßt zu sein. Dieser Rechtsirrtum war aber auf die Freisprechung der Angeklagten L., K. und W. ohne Einfluß; nach der Beweisaufnahme hatten diese von den falschen Gewichtsermittlungen des R. und der darauf beruhenden Zollverkürzung keine Kenntnis. Mit Rücksicht auf diese Freisprechung hatte das Landgericht bei R. und S. das Vorliegen von Beihilfe verneint; die Annahme selbständiger Täterschaft hat es mit der Begründung

abgelehnt, daß eine Zollhinterziehung nur verüben könne, wer dem Staate gegenüber zur Entrichtung des Zolls verpflichtet sei. Dieser Auffassung trat das Reichsgericht entgegen. Hinterziehen bedeutet nichts anderes als bewirken, daß eine dem Staate geschuldete Abgabe diesem entzogen wird. Es ist nicht ersichtlich, weshalb diesen Erfolg nur der Schuldner soll herbeiführen können. Wäre diese Annahme richtig, so könnte sich ein Angeklagter gegenüber dem Vermutungstatbestand des § 136 Nr. 5 d VZG. durch den Nachweis entlasten, daß er nicht zur Zahlung des Zolles verpflichtet sei, ein Ergebnis, das niemals als im Sinne des Gesetzgebers liegend anerkannt worden ist. Für den Bereich der Reichsabgabenordnung ist jeder Zweifel dadurch ausgeschlossen, daß dort der Hinterziehung zum eigenen Vorteil jene zum Vorteil eines anderen gleichgestellt ist. Aber auch ohne einen solchen Zusatz erfordert der Begriff der Hinterziehung nicht die persönliche Zahlungsverpflichtung des Täters. Die Hinterziehung ist kein Sonderdelikt; es kann also auch ein anderer als der Schuldner eine Hinterziehung als Täter begehen. (III, 19. Oktober 1931.) Amtl. Sammlg. S. 407—411. Vgl. Bd. 11 S. 366; Bd. 19 S. 302; Bd. 31 S. 415; Bd. 48 S. 104; Bd. 55 S. 138; Bd. 57 S. 212, 302; Bd. 58 S. 19; Bd. 62 S. 319.

128. **Bankerott. Prokurist. Schuldner. Strohmann.** (KO. § 240.) Eine Korbwarenfabrik geriet im Jahre 1920 in Konkurs. Der Vater des Inhabers, ein Schuhmacher, erwarb die Vorräte, um seinem Sohn den weiteren Betrieb der Fabrik zu ermöglichen; er wurde darauf im Handelsregister als der Inhaber der unter einer anderen Firma fortgesetzten Fabrik eingetragen, der Sohn als Prokurist. Der Vater verstand vom Geschäft nichts; er arbeitete selbst nur als Korbmacher in der Fabrik. Der Sohn erhielt kein festes Gehalt, sondern behielt, was jeweils nach den Lohnzahlungen übrigblieb. Im Jahre 1928 geriet auch die neue Fabrik in Konkurs; er wurde mangels Masse eingestellt. Der Sohn wurde wegen Bankrotts verurteilt. Das Reichsgericht verwies die Sache zurück. Der Angeklagte konnte, nachdem im Beschluß über die Eröffnung des Konkursverfahrens sein Vater als Gemeinschuldner bezeichnet war, nicht gleichzeitig als Gemeinschuldner erachtet werden, auch wenn sein Vater nur Strohmann gewesen war. Es konnte sich nur fragen, ob er als Schuldner, der seine Zahlungen eingestellt hatte, zu beurteilen war. In dieser Hinsicht ist schon wiederholt

entschieden worden, daß, soweit die Zahlungseinstellung einer Firma in Frage steht, die Strafvorschriften auch auf den anzuwenden sind, der das Geschäft tatsächlich als seinen eigenen Betrieb hat, wenn es auch zum Schein auf einen anderen Namen in das Handelsregister eingetragen ist. In allen diesen Fällen war aber die Sachlage die, daß der eingetragene Inhaber nur als Strohmann, eine nichteingetragene Person aber als der tatsächliche Inhaber betrachtet wurde. Das Landgericht hatte Bedenken getragen, den Vater des Angeklagten als Strohmann anzusehen, nachdem er sein ganzes Vermögen in das Geschäft gesteckt hatte; es hatte beide als Teilhaber behandelt und den falschen Schein nur darin gefunden, daß der Vater als Alleininhaber eingetragen war, während der Angeklagte tatsächlich Mitinhaber und Leiter des Geschäfts war. Das Reichsgericht erklärte die angeführten Grundsätze auch auf ein Verhältnis solcher Art für anwendbar. Steht fest, daß auf Grund eines ausdrücklichen oder stillschweigenden Übereinkommens eine Gesellschaft zustande gekommen ist, daß der eingetragene Prokurist in Wirklichkeit ein mit der Geschäftsführung der Gesellschaft beauftragter Gesellschafter ist, daß die Geschäftsschulden auch seine Schulden sind und daß also er tatsächlich auch seine Zahlungen eingestellt hat, dann sind die Voraussetzungen des Gesetzes auch bei ihm vorhanden. Ob ein solches Teilhaberverhältnis vorlag, war aber den Feststellungen des Urteils nicht zu entnehmen. Die Eintragung in das Handelsregister begründete die Vermutung der Alleininhaberschaft des Vaters. Daß dieser vom Geschäft nichts verstand und die ganze Geschäftsführung seinem Sohn überließ, rechtfertigte noch nicht den Schluß, daß dieser Alleininhaber oder Mitinhaber war, ebensowenig der Umstand, daß er als Geschäftsinhaber auftrat und von den Kunden als solcher betrachtet wurde. Zur Stütze der Annahme, daß der Angeklagte bevollmächtigter Teilhaber war, mußte nachgewiesen werden, daß er den Kunden gegenüber regelmäßig in einer Weise auftrat, die erkennen ließ, daß er nicht nur im Namen des eingetragenen Inhabers, sondern im eigenen Namen handeln, nicht nur den eingetragenen Inhaber, sondern auch sich selbst berechtigen und verpflichten wollte. Einen Anhaltspunkt hiefür konnte besonders die Art der Wechselzeichnung geben. Falls ein solcher Nachweis nicht zu erbringen war, konnte in Frage kommen, ob der Vater sich des Bankerotts und der Sohn der Beihilfe schuldig gemacht hatte. War freilich dem Vater nur Fahrlässigkeit nachweisbar, so konnte der Angeklagte der Beihilfe nicht schuldig erkannt werden, da Beihilfe zu einem fahrlässigen Vergehen nicht strafbar ist. (I, 30. Oktober 1931.) Amtl. Sammlg. S. 411—415.

Vgl. Bd. 25 S. 121; Bd. 26 S. 187; Bd. 24 S. 261; Bd. 29 S. 103; Bd. 49 S. 321.

129. Gläubigerbegünstigung. Vollendung. Anstiftung. Hypothek. (KO. §§ 15, 241; StPO. § 48.) Ein Kaufmann geriet in Zahlungsschwierigkeiten. Sein Bruder, der ihm Geld geliehen hatte, forderte ihn auf, ihm eine Hypothek zu bestellen. Er gab der Aufforderung Folge. Die Hypothek wurde am Tage vor der Konkurseröffnung bewilligt, am Tage nach der Konkurseröffnung eingetragen. Der Kaufmann wurde wegen Gläubigerbegünstigung, sein Bruder wegen Anstiftung verurteilt. Die Revision hatte keinen Erfolg. Mit der bloßen Bewilligung und Eintragung einer Hypothek ist allerdings eine Sicherheit noch nicht gewährt; hiefür ist auch die Eintragung und bei Briefhypotheken die Übergabe des Briefes erforderlich. Es ist aber unerheblich, ob die Eintragung erst nach der Konkurseröffnung erfolgt, soferne sie nur wirksam ist. Unbedenklich war auch die Annahme, daß der Bruder des Kaufmanns sich einer Anstiftung zur Gläubigerbegünstigung schuldig gemacht hatte; daß eine vom begünstigten Gläubiger begangene Anstiftung über die notwendige Teilnahme an der Gläubigerbegünstigung hinausgeht, ist vom Reichsgericht in ständiger Rechtsprechung anerkannt. (I, 30. Oktober 1931.) Amtl. Sammlg. S. 416—417.

Vgl. Bd. 11 S. 386; Bd. 14 S. 221; Bd. 22 S. 436; Bd. 30 S. 46; Bd. 34 S. 171; Bd. 48 S. 18.

130. Abwesenheit. Öffentliche Ladung. Berufung. (StPO. §§ 40, 276, 277, 285, 329.) Das Schöffengericht hatte den Angeklagten freigesprochen. Der Staatsanwalt legte Berufung ein; die Berufungsbegründung konnte aber dem Angeklagten nicht zugestellt werden, da sich die von ihm angegebene Anschrift als falsch erwies und er auch sonst nicht zu ermitteln war. Die Staatsanwaltschaft beantragte schließlich die Ansetzung eines Termins; zu diesem wurde der Angeklagte öffentlich geladen. Im Termin erschien er nicht. Es wurde über die Sache verhandelt; unter Aufhebung des Urteils des Schöffengerichts wurde er zu einer Strafe verurteilt. Seine Revision hatte keinen Erfolg. Die Vorschriften der Strafprozeßordnung über das Verfahren gegen Abwesende gelten nur für den ersten Rechtszug; das ergibt sich schon aus ihrer Stellung im Gesetz. Auch die innere Verschiedenheit der Sachlage im ersten Rechtszug und im Rechtsmittelverfahren spricht hiefür. Die Vorschrift, daß eine Hauptverhandlung gegen einen abwesenden Angeklagten nur dann stattfinden darf, wenn die Tat mit einer Geldstrafe oder Einziehung bedroht ist, bezweckt offensichtlich, Gewähr zu schaffen, daß der Angeklagte in jedem Fall, in dem ihm eine mit Freiheitsstrafe bedrohte Tat zur Last gelegt ist, Gelegenheit hat, sich von den wider ihn vorgebrachten Tatsachen und Beweismitteln in der Geschlossenheit und Unmittelbarkeit einer Hauptverhandlung Kenntnis zu verschaffen und sich persönlich dagegen zu verteidigen. Dazu ist ihm aber durch die Anwesenheit in der Hauptverhandlung erster Instanz ausreichend Möglichkeit gegeben. Darüber hinauszugehen und aus Rücksicht auf einen Angeklagten, der seinen Aufenthalt verborgen hält, eine Hauptverhandlung vor dem Berufungsgericht nicht stattfinden zu lassen, wäre zumal dann völlig ungerechtfertigt, wenn er im ersten Rechtszug zu einer Strafe verurteilt wäre und gegen dieses Urteil, vielleicht nur um Zeit zu gewinnen, Berufung eingelegt hätte. In der Rechtsprechung ist anerkannt, daß ein Angeklagter, der unter seiner richtigen Anschrift geladen ist, aber nicht dafür gesorgt hat, daß ihm die Ladung rechtzeitig zu Gesicht kommt, sein Nichterscheinen in der Hauptverhandlung selbst verschuldet hat. Es würde des inneren Grundes entbehren, einen solchen Angeklagten härter zu behandeln, als einen anderen, der entweder selbst Berufung eingelegt hat oder doch mit einer Berufung der Staatsanwaltschaft rechnen muß und es nun durch Geheimhaltung seiner Wohnung unmöglich macht, ihn von einem etwaigen Termin in Kenntnis zu setzen. (II, 6. Juli 1931.) Amtl. Sammlg. S. 417—420.

Vgl. Bd. 61 S. 90.

131. Meineid. Protokollverlesung. Beweisaufnahme. (StPO. § 249.) In der Hauptverhandlung gegen eine wegen Zeugenmeineids angeklagte Frau war das Protokoll über ihre Aussage nicht verlesen worden. Das führte zur Aufhebung des Urteils. Nur durch Verlesung des Protokolls war es den Geschworenen möglich, sich selbst auf Grund des Ergebnisses der Verhandlung ein eigenes Urteil über die für die Würdigung der Aussage in Betracht kommenden Umstände zu bilden. Es genügte nicht, daß das Urteil, das sich auf die Aussage stützte, verlesen worden war und daß der Vorsitzende die Tatsache, die in dem Protokoll niedergelegt war, ausführlich erörtert hatte. (II, 15. Oktober 1931.) Amtl. Sammlg. S. 420—422.

132. Landesverrat. Beschimpfung. Wahrheitsbeweis. Guter Glaube. Rechtswidrigkeit. Berechtigte Interessen. Güterabwägung. (RepSchG. § 5; StGB. §§ 185, 186, 192, 193.) Über den verstorbenen Reichspräsidenten Ebert war behauptet worden, er sei schuld daran, daß 10000 deutscher Soldaten in das Gras beißen mußten, indem er, als alles an der Front nach Munition schrie, den Munitionsarbeiterstreik organisierte; ein republikanisches Gericht habe ihm noch vor seinem Tode bescheinigt, daß er ein Landesverräter gewesen sei. Die Verurteilung wegen Beschimpfung wurde vom Reichsgericht aufgehoben. Eine Beschimpfung ist eine besonders verletzende, rohe Bekundung der Mißachtung. Roh kann eine Äußerung sowohl durch ihre Form als ihren Inhalt werden. Der Inhalt einer Äußerung kann zur Beschimpfung dadurch werden, daß er ein Werturteil enthält, bei dem der Verurteilte schimpflich dasteht oder dadurch, daß einer Person Tatsachen nachgesagt werden, die für sie beschimpfend sind. Eine Beschimpfung solcher Art war objektiv in der Kundgebung des Angeklagten gelegen. Die Beschimpfung bezog sich auf das Amt des Reichspräsidenten. Durch eine kränkende Kundgebung kann auch ein schimpfliches Verhalten, das zeitlich vor der Berufung zu einem Amte liegt, in Beziehung zum Amte gesetzt werden, indem geltend gemacht wird, daß die betroffene Person ungeachtet oder gerade wegen des vorangegangenen Verhaltens zu dem Amt berufen worden sei oder indem das angeblich vor dem Amt hervorgetretene schimpfliche Verhalten mit der amtlichen Wirksamkeit verglichen wird. Das Landgericht hatte festgestellt, daß der Angeklagte mit seinen Ausführungen seinen Zuhörern klar machen wollte, ein Landesverräter sei für das Amt des Reichspräsidenten würdig befunden worden; durch diese Feststellung war die Beziehung der Beschimpfung zum Amte ausreichend nachgewiesen. Der Angeklagte hatte für seine Behauptungen den Wahrheitsbeweis angetreten; das Gericht hatte aber die Erhebung des Beweises abgelehnt. Das Republikschutzgesetz enthält über den Wahrheitsbeweis keine Vorschrift. Die Erweislichkeit ist nicht als Strafausschließungsgrund vorgesehen; es fehlt deshalb auch eine dem § 192 StGB. entsprechende Bestimmung, was im Falle der Erbringung des Wahrheitsbeweises zu geschehen hat. Die Unwahrheit oder Nichterweislichkeit ist hier so wenig wie im § 186 StGB. zum Tatbestandsmerkmal erhoben, braucht deshalb nicht vom Vorsatz umfaßt zu werden; der gute Glaube an die Wahrheit oder Erweislichkeit führt darum nicht ohne weiteres zur Straffreiheit. Anderseits kommt aber bei der Prüfung einer Äußerung auf ihren beschimpfenden Gehalt darauf an, ob das Mißverhältnis zwischen der Äußerung und dem Gegenstand der Beschimpfung so groß ist, daß sie besonders verletzend wirkt; dabei sind alle Umstände, unter denen sie geschieht, zu beachten. Dazu gehört aber auch die Frage, ob und wieweit die behauptete Tatsache wahr oder unwahr ist. Ist schon zur Zeit der Kundgebung die Wahrheit der Tatsache einwandfrei erwiesen, so kann das unter Umständen der Behauptung den Charakter des besonders Verletzenden, Rohen nehmen; das gilt jedenfalls dann, wenn das Behauptete allgemein bekannt und als wahr anerkannt ist, etwa gar von dem Betroffenen selbst nicht bestritten wird. Die Behauptung einer schimpflichen Tatsache ist nicht unter allen Umständen eine Beschimpfung. Ergibt sich freilich das Vorhandensein einer Beschimpfung schon aus der Form oder sonstigen Umständen, so kann der Wahrheitsbeweis nicht zur Freisprechung führen. Es war also rechtsirrig, wenn das Berufungsgericht dem Wahrheitsbeweis schlechthin jede Bedeutung für die Schuldfrage absprach. Außer der Tatbestandsmäßigkeit war nach der äußeren Seite auch die Rechtswidrigkeit der zu beurteilenden Handlung zu prüfen. Der Angeklagte hatte sich auf § 193 StGB. berufen. Diese Vorschrift konnte zwar nicht unmittelbar angewendet werden; sie wird aber in der neueren Rechtsprechung des Reichsgerichts nur als ein Anwendungsfall des der Lösung von Interessenkollisionen dienenden Grundsatzes der Güter- und Pflichtenabwägung betrachtet. Aus diesem Grundsatz kann sich unter Umständen auch ein übergesetzlicher Rechtfertigungsgrund für eine unter das Republikschutzgesetz fallende Handlung ergeben. Zu beachten ist allerdings, daß das Verbot der Beschimpfung verstorbener Regierungsmitglieder auch dem Schutz der Würde des Reichs und der Länder dient. Die Anwendung des Grundsatzes setzt darum eine besonders strenge pflichtmäßige Abwägung der einander gegenüberstehenden Interessen voraus. Wie im Falle des § 193 StGB. können insbesondere die Form der Äußerung und die Umstände, unter denen sie geschieht, zur Verneinung der Rechtfertigung Anlaß geben. Im angefochtenen Urteil war ausgeführt, es fehle jeder tatsächliche Anhalt für die Wahrnehmung eigener Interessen und ebensowenig könne der Angeklagte geglaubt haben, die Interessen des deutschen Volkes dadurch fördern zu können, daß er den verstorbenen Reichspräsidenten beschimpfte. Hierin trat kein Rechtsirrtum zutage. Hinsichtlich der inneren Tatseite konnte dem Angeklagten sein guter Glaube zustatten kommen. Der Glaube an die Wahrheit der behaupteten schimpflichen Tatsache nimmt für sich allein einer Behauptung den Charakter der Beschimpfung nicht; es ist aber möglich, daß beim Täter durch die irrige Vorstellung das Bewußtsein und der Wille, also der Vorsatz zu beschimpfen, ausgeschlossen wird. Die Annahme des Berufungsgerichts, daß der gute Glaube an die Wahrheit der behaupteten Tatsachen für die Schuldfrage ohne Bedeutung sei, war also rechtsirrig. Für die Weiterbehandlung der Sache bemerkte das Reichsgericht: Das Urteil, auf das der Angeklagte sich in seinen Ausführungen gestützt hatte, war nicht rechtskräftig geworden. Das Berufungsgericht hatte nach dem Tode des Nebenklägers, des Präsidenten Ebert, eine umfangreiche Beweiserhebung vorgenommen und dann das Verfahren ausgesetzt; zufolge einer Amnestie wurde dann das Verfahren niedergeschlagen. Als allgemeinkundig bezeichnete das Reichsgericht, daß Präsident Ebert sich gegen den Vorwurf des Landesverrats damit verteidigte, daß er in die Leitung des von ihm nicht gewünschten Munitionsstreiks vom Januar 1918 an nur eingetreten und in ihr tätig geworden sei, um die verhetzten Arbeiter wieder vaterländischen Gedanken zuzuführen und so den Streik möglichst bald zu beenden. Diesem Vorbringen wurde allerdings entgegengehalten, daß ein Arbeiterführer, der sich der Schädlichkeit eines Streiks für die Kriegsführung bewußt sei und gleichwohl in die Streikleitung eintrete, in ihr tätig werde und damit den Streik fördere, sich schon hiedurch nach der äußeren und inneren Seite des Landesverrats schuldig mache; auf den Zweck komme es nicht an. Das erklärte das Reichsgericht für rechtsirrig. Das gesamte Verhalten muß darauf geprüft werden, ob es nicht auch einen Vorteil für das Deutsche Reich mit sich bringt und dadurch den Nachteil, der aus ihm entsteht, wieder ausgleicht. So hatte zu Beginn des Krieges ein Großkaufmann zwei russischen Werken, deren sämtliche Aktien sich in seinen Händen befanden, den Bezug von Stahl aus Schweden vermittelt. Gegenüber der Anklage wegen Landesverrats hatte er sich damit verteidigt, daß er dadurch die Beschlagnahme der Werke durch die russische Regierung und deren Verwendung zur Herstellung von Kriegsbedürfnissen verhüten wollte. Das hatte zu seiner Freisprechung geführt. In gleicher Weise war das Verhalten des Präsidenten Ebert zu beurteilen. Eine andere Beurteilung war auch dann nicht geboten, wenn er Forderungen, die im Verlauf des Streiks aufgestellt wurden, billigte, ihre Vertretung gegenüber der Regierung versprach und die Arbeiter aufforderte, einstweilen ruhig auszuharren, wenn er nur bei all seinen Maßnahmen das Endziel im Auge behielt, von der deutschen Kriegsmacht größeren Nachteil, insbesondere eine Ausartung der Streikbewegung in eine Revolutionsbewegung, abzuwenden. Auch wenn dieses Ziel nicht erreicht worden wäre, fehlte der für den inneren Tatbestand des Landesverrats erforderliche Vorsatz. Zu diesem gehört das Bewußtsein und der Wille, der deutschen Kriegsmacht Nachteile zuzufügen. Bei der Prüfung, ob dieses Bewußtsein und dieser Wille vorhanden war, durften nicht einzelne Handlungen aus dem Zusammenhang gerissen und für sich betrachtet werden, vielmehr war das Gesamtverhalten ins Auge zu fassen. Wurde dieses durch das Ziel beherrscht, von der Kriegsmacht des Deutschen Reiches größeren Nachteil abzuwenden und nur zu diesem Zweck geringer benachteiligende Handlungen in Kauf zu nehmen, so fehlte das Bewußtsein und der Wille der Benachteiligung und das Vorhandensein eines Landesverrats war zu verneinen. (I, 20. Oktober 1931.) Amtl. Sammlg. S. 422—433. Vgl. Bd. 28 S. 403; Bd. 59 S. 330; Bd. 61 S. 242; Bd. 62 S. 83, 137; Bd. 63 S. 20, 92; Bd. 64 S. 399; Bd. 65 S. 185.

133. Frachtbrief. Gebührenberechnung. Öffentliche Urkunde. (StGB. §§ 267, 268; EVO. § 68.) In einem Frachtbrief wurde die von dem zuständigen Eisenbahnbeamten in der vorgeschriebenen Form eingetragene Berechnung der Frachtgebühren verfälscht. Das erfüllte den Tatbestand einer öffentlichen Urkundenfälschung. Ein Frachtbrief setzt sich nach seiner vollständigen Ausfüllung aus mehreren teils öffentlichen, teils privaten Urkunden zusammen; im Falle der Verfälschung einer auf ihm befindlichen Eintragung muß stets auf die besondere Bedeutung eingegangen werden. Die Eintragung der Gebührenberechnung findet ihre Grundlage in der Eisenbahnverkehrsordnung, wonach die Eisenbahn die tarifmäßigen Beträge für Fracht und Nebengebühren in den Frachtbrief einzutragen hat. Es handelt sich hier nicht um eine Maßnahme des inneren Dienstes, sondern um eine Beurkundung mit Beweiskraft für und gegen jedermann, mag sie auch zunächst nur für die Eisenbahn selbst und den Kostenschuldner von Belang sein. Damit sind alle Merkmale der öffentlichen Urkunde erfüllt. (III, 5. November 1931.) Amtl. Sammlg. S. 433—434.

134. Schwurgericht. Außerordentliche Tagung. Ergänzungsrichter. (GVG. §§ 63, 83; StPO. § 261.) Nachdem in einer umfangreichen Sache das Hauptverfahren vor dem Schwurgericht eröffnet worden war, verfügte der Landgerichtspräsident die Ansetzung einer außerordentlichen Tagung des Schwurgerichts, in der nur diese Sache verhandelt werden sollte, und ernannte die Richter, die in dieser Tagung mitzuwirken hatten. Das verstieß nicht gegen das Gesetz. Die Entscheidung darüber, ob im Laufe des Geschäftsjahres eine Schwurgerichtstagung erforderlich wird, für die richterliche Mitglieder noch nicht ernannt sind, sowie die Ausführung der hienach erforderlichen Maßnahmen liegt der Justizverwaltung ob. Dieser Aufgabe kann sie sich jederzeit unterziehen, sobald das Bedürfnis dazu dienstlich bekannt geworden ist. Die Auffassung, daß in einer außerordentlichen Tagung nur solche Sachen verhandelt werden dürfen, in denen zu der Zeit, da die mitwirkenden Richter ernannt werden, das Hauptverfahren noch nicht eröffnet ist, findet im Gesetz keine Stütze. Dieses gestattet auch, daß bei Überlastung einer Strafkammer während des Geschäftsjahres, der Geschäftsverteilungsplan geändert wird; es ist alsdann möglich, der überlasteten Strafkammer Sachen abzunehmen, die bei ihr schon anhängig sind und sie einer anderen Strafkammer zur Erledigung zu übertragen. Das gilt auch für Sachen, die zur schwurgerichtlichen Zuständigkeit gehören. — Für die Verhandlung war ein Ergänzungsrichter bestellt worden. Der Vorsitzende ließ den Gang der Verhandlung durch Stenotypistinnen aufnehmen; diese gaben ihre Aufzeichnungen an den Ergänzungsrichter, der sie an den Vorsitzenden und die beisitzenden Richter weiterleitete. Diesen wurde so die Möglichkeit gegeben, ihre eigenen Aufzeichnungen nachzuprüfen. Dieser Hergang bot keinen Anlaß zu verfahrensrechtlichen Bedenken. Allerdings darf der Richter seiner Entscheidung nur das Ergebnis der Hauptverhandlung zugrundelegen, so, wie es sich ihm darstellt. Es ist aber unvermeidlich und selbstverständlich, daß auch die Auffassungen anderer Personen darüber zu seiner Kenntnis gelangen und zwar sowohl amtlich (bei der Urteilsfindung) wie auch außeramtlich (z. B. durch Verhandlungsberichte der Zeitungen). Es ist möglich, daß er durch diese außerhalb der Verhandlung auf ihn einwirkenden Eindrücke sich in einer verfahrensrechtlich nicht zu billigenden Weise beeinflussen läßt. Eine gesetzliche Bestimmung, durch die dieses Ergebnis ausgeschlossen würde, gibt es aber nicht. Insbesondere ist die Abfassung von Verhandlungsstenogrammen und ihre Verteilung an die mitwirkenden Richter nicht untersagt; ihrer Erfahrung und ihrer Gewissenhaftigkeit muß anheimgestellt werden, daß sie davon keinen Gebrauch machen, der mit dem Gesetz nicht verträglich ist. Es war nicht erforderlich, die Stenogramme zum Gegenstand der Hauptverhandlung zu machen oder sie sonstwie zur Kenntnis der Prozeßbeteiligten zu bringen. Eine Mitwirkung des Ergänzungsrichters war in der Weitergabe der Stenogramme nicht zu finden. (III, 9. November 1931.)

Amtl. Sammlg. S. 434—436.
Vgl. Bd. 61 S. 423.

Gesetzesregister.

Seitenzahlen der amtl. Sammlung.

1 1—3; **2** 3—4; **3** 4—6; **4** 6—13; **5** 13—15; **6** 15—16;
7 17—18; **8** 18—20; **9** 21—22; **10** 22—31; **11** 31—33;
12 32—33; **13** 33—36; **14** 36—37; **15** 38—40; **16** 40—43;
17 44—46; **18** 47—49; **19** 49—51; **20** 52—55; **21** 55—57;
22 57—58; **23** 59—60; **24** 60—65; **25** 65—67; **26** 67—71;
27 71—76; **28** 77—78; **29** 78—79; **30** 79—80; **31** 81;
32 82—85; **33** 85—89; **34** 90—95; **35** 95—97; **36** 97—99;
37 99—102; **38** 102—106; **39** 106—112; **40** 112—114;
41 115—125; **42** 125—133; **43** 133—135; **44** 135—144;
45 145—150; **46** 150—151; **47** 151—157; **48** 158—159;
49 159—160; **50** 161—163; **51** 163—165; **52** 165—175;
53 175—178; **54** 178—180; **55** 180—181; **56** 182—184;
57 185—193; **58** 194—200; **59** 200—202; **60** 203—205;
61 206—208; **62** 209—211; **63** 211—214; **64** 214—222;
65 222—229; **66** 229—231; **67** 231—237; **68** 237—239;
69 239—245; **70** 246—248; **71** 248—250; **72** 250—256;
73 256—260; **74** 260—263; **75** 263—267; **76** 267—268;
77 268—272; **78** 273—276; **79** 277—278; **80** 278—281;
81 281—283; **82** 283—285; **83** 285—287; **84** 287—291;
85 291—294; **86** 294—296; **87** 296—298; **88** 298—299;
89 299—301; **90** 301—304; **91** 304—308; **92** 308—310;
93 310—311; **94** 311—312; **95** 312—315; **96** 315—316;
97 316—318; **98** 319—321; **99** 322—330; **100** 331—333;
101 333—336; **102** 337—338; **103** 338—340; **104** 340—341;
105 341—344; **106** 344—348; **107** 348—351; **108** 351—352;
109 353—354; **110** 354—358; **111** 358—359; **112** 359—361;
113 361—363; **114** 363; **115** 364—368; **116** 368—373;
117 373—374; **118** 374—388; **119** 389; **120** 390—391;
121 391—392; **122** 392—397; **123** 397—398; **124** 398—399;
125 399—400; **126** 401—406; **127** 407—411; **128** 411—415;
129 416—417; **130** 417—420; **131** 420—422; **132** 422—433;
133 433—434; **134** 434—436.

Sachregister.

FSC
www.fsc.org
MIX
Papier | Fördert gute Waldnutzung
FSC® C083411

Kolibri 360 GmbH
Ferdinand-Jühlke-Straße 7
99095 Erfurt, Deutschland
produktsicherheit@kolibri360.de